JN080751

大学院文化科学研究科

カリキュラムの理論と実践

田中統治

根津朋実

人間発達科学プログラム

まえがき

　カリキュラムとは何か，この問いこそがカリキュラム研究の第1歩であるといわれるように，私たちが教育を通じて学んできた内容はとらえどころがない。カリキュラムはどこにあるのか，というより，一体どこにあるカリキュラムを問題とするかによって，研究対象としてのカリキュラムが変わるからである。カリキュラムは私たちの脳に記憶された内容であったり，生活を通じて身につけた知識，授業と教材の内容であったり，時間割と教育課程に示される教育計画，あるいは学習指導要領であるかもしれない。カリキュラムは教育内容と学習内容の二側面を持っているので，両者のどちらを重視して観察を試みるかによって立場が分かれる。しかもカリキュラム研究者の立場は，「親」学問（教育社会学であれば社会学）の分野，学説上の系譜，さらに教育論上の思想・信条などによってそれぞれ異なる。だから先行研究や研究動向を調べるときには，その著者の立場に留意することになる。

　本科目の立場はカリキュラムの実証的研究を進めることにある。それはエビデンスに基づく教育実践を推奨する立場とも重なるけれども，しかし実証的な理論に基づく調査研究と，ある教育実践の正当性を根拠づけるための評価資料の収集とでは根本的な立ち位置が異なっている。なぜなら調査研究の場合，教育実践の失敗やその原因をありのままに追究することを使命とするからである。したがって，特定の教育実践を学問的に正当化するための「研究」とは一線を画す。そうしたカリキュラムの実証的研究の立場を理解してもらうために，まず修士論文の作成を前提にしてその専門研究に役立ててもらうことを目的に置いた。

　次に本書の構成を，前半の1～5章では，実証的理論を代表する社会学的な視点をもとに，カリキュラム研究の意義，方法，そして三領域（微視的，中間的，および巨視的問題）に分けて概説した。次の6章と7章では近年，日本の教育界で注目されているカリキュラム問題として，学力モデルとカリキュラム・マネジメントの二つをとり上げて，こ

4

れを題材に実証的研究の視点から検討するときの枠組みを例示してみた。

　さらに続いて，カリキュラムをめぐる具体的な実践をとり上げて，理論と実践をつなぐための視点を検討した。8〜11章は修士論文のテーマでよく設定される，カリキュラムの研究開発（8章），教師によるカリキュラム研究（9章），教科カリキュラム（10章），および教科外カリキュラム（11章）の四つをとり上げてそれぞれのテーマに即した分析法を示した。また，12〜14章では近年，強い関心が寄せられているカリキュラムの系統性に関する接続（12章）と分化・統合（13章）と，最終的に重要な課題となるカリキュラムの評価（14章）を検討した。

　全体を通じて修士論文の準備と作成を念頭に執筆したので，専門性が強いかもしれないが，他の分野・領域でも参考になるように理論と実践をつなぐことの難しさとその手がかりを中心に記述したつもりである。なお放送大学の学部段階のテキストでは，浅沼茂・奈須正裕『カリキュラムと学習過程』（2016）が最適であるのでぜひ一読を薦めたい。また過去の大学院科目の中では，田中博之『カリキュラム編成論—子どもの総合学力を育てる学校づくり—』（改訂版2017）や，安彦忠彦『教育課程編成論—学校は何を学ぶところか—』（改訂版2006）がカリキュラム研究の優れた概説書である。

　カリキュラム研究といえば教師のためだけの専門分野と思われがちであるが，私たち自身の学びの履歴を振り返ってその意味を問い直すための専門的な視点としていただければ幸いである。また広く研修や指導に携わっておられる方や，保護者の立場から子どもたちに必要なカリキュラムについて関心を持たれている方にもより専門的な文献を読まれるきっかけを提供できれば望外の喜びである。

　最後に編集の労をお取りいただいた放送大学教育振興会の川合季彦氏に謝意を表したい。

2021年3月

田中　統治

目次

1 カリキュラムを研究する意義

田中　統治

≪**目標&ポイント**≫　カリキュラムへの研究関心と研究する意義を学び，本科目の目的と構成について理解する。とくにカリキュラムの概念の定義，諸相，学説動向についてキーワードを用いて説明できることをめざす。
≪**キーワード**≫　カリキュラム，教育課程，学習経験

1. カリキュラムの研究を始めるにあたり

　カリキュラム研究は，教育内容のあり方を探究する研究として，教育学分野において一個の領域を画してきた。本科目では「カリキュラムの理論と実践」と題してこれまでの研究動向とその成果を検討するが，その際，本科目は大学院の専門科目であるので，専門論文をまとめることを念頭にカリキュラム研究の方法を中心に概説する。カリキュラム研究の方法とはカリキュラムをどうとらえてどのように問いを立てるかという理論的な着眼点のことをいう。研究を始めるときに重要な点は先行研究から学びつつそれとは異なる視点から独自の問いを設定することである。カリキュラム研究のオリジナリティもカリキュラムをどう定義してどのような角度から新たな知見として何を加えたのかが問われる。本章でカリキュラムを研究する意義から説き起こす理由もこの研究上の問いを立てること，つまりリサーチ・クエスションをどのように設定すれば大学院の専門的研究の水準に近づくのかという点について理解を深めてほしいからである。

　カリキュラムが正式な学問分野の名称として早くから確立されてきた米国においてもその年月は150年も経っていない。日本でカリキュラムの専門学会（日本カリキュラム学会）が創設されたのは1990（平成2）

年12月のことであり2020（令和2）年で学会創設30周年を迎えた。カリキュラム研究の歴史は比較的浅いのであるが，第二次世界大戦後この分野が注目されるようになった背景には社会の経済発展と人間育成の課題が横たわっている。すなわち経済発展に資する人材を育成するには学校カリキュラムの内容をより高度化する必要があるとの経済界からの要請が強まったことが大きい。その是非はともかく，カリキュラムの改革はこうした社会状況の変化と密接に関係しており，カリキュラムを研究するという行為はその社会のあり様を研究することと必然的につながっている。本科目ではカリキュラムの持つ社会的諸要因に注目し，それを「生きた姿」でとらえるために客観的な実証研究の視点を重視する。

　カリキュラムは「学びの履歴」と言われるように，ひとが生涯にわたって経験する内容を示す概念である。教える内容（教育課程）と学ぶ内容（カリキュラム）の間には必ずズレが生じていて，この乖離（かいり）がカリキュラム研究を面白いものにする。後述する「隠れたカリキュラム」（hidden curriculum）の発見は，文化伝達の営みに潜在するパラドックス（逆説）に気づかせてくれた。ひとは教えようと意図されていない内容までも学ぶ，というか，意図されていない内容のほうを学んでいるのかもしれない。こうした現実認識が，研究のみならず教育改革のパラダイムにおいても「教え」のカリキュラムから「学び」のカリキュラムへ視点を移行させつつある。カリキュラムを研究することは自分自身の学びの経験を振り返り，それを意味づける作業でもある。

2.　カリキュラムの概念

(1) カリキュラムの定義

　カリキュラムをどう定義するか，その概念規定が研究の理論的枠組み（frame of reference）の骨格を形作る。事典類を参照すれば，多様な規定が掲載されていて，どの定義が正当であるのかと戸惑う場合もある。定説といわれる定義についてもその前提となっている由来や立場等に批判的なまなざしを向けて検討することが研究を始める一歩である。つまりカリキュラムを定義するということは研究の対象を明確にすることで

ある。定義（definition）には限定という意味があるように，研究の主たる対象を絞り込み，その研究で扱わない側面や領域については整理して割愛する覚悟が必要である。なぜなら，研究の独自性を主張するうえでは，未開拓の領域の中でもとくにポイントとなる問題に研究の焦点を絞り込むことが先決だからである。

　とはいえカリキュラムの概念内容は広範囲にわたっている。もっとも広義には「ひとの学習経験の総体」を指し示す。すなわち学校時代のみならず社会に出てからも含めて，ひとが生涯において学ぶすべての内容（学習履歴）がカリキュラムだとみなす立場がある[1]。確かに英語のカリキュラムの語源であるラテン語には「走る」（currere：クレーレ）という意味があって，履歴書は curriculum vitae（略して CV）と書かれることが多い。後述するようにカリキュラムの概念が16世紀の西欧で初めて使われた背景には宗教改革が大学教育に及ぼした影響がみられて，この用語の持つ教育思想と時代背景の関連が注目される。

　日本では第二次世界大戦後の1951（昭和26）年に試案として示された学習指導要領で教育課程という用語が初めて用いられ，それは戦前の学科課程にはなかった教科外活動を含むものとして特徴づけられる。日本の教育課程には教科科目とそれ以外の領域が含まれており，2020（令和2）年現在でも教科等や諸領域という表記でこのことを意識させられる。教科外活動は戦後日本の学校教育を大きく特徴づける活動であり，海外の研究者が学校参観において関心を払うものである。

　カリキュラムという用語が戦後日本で広まった契機は米国の新教育の導入期に社会科を核とした「コア・カリキュラム」運動の時期が最初であり，その次は70年代半ばに文部省（当時）と OECD-CERI の共催による国際セミナーにおいて「学校に基礎をおくカリキュラム開発」（School-based Curriculum Development：SBCD）が提唱された時期，またさらに90年代の規制緩和・分権化の政策により地方と学校の裁量権の拡大が図られ各学校の創意工夫によるカリキュラムづくりが提唱されて「総合的な学習の時間」が創設された時期，そして2010年代に入って教育の質的充実を図るうえで「カリキュラム・マネジメント」が重視さ

れるようになってカリキュラムが再び注目される。つまりカリキュラムは約20年の周期で流行しているわけである。その理由の一つに教育課程の基準を示す学習指導要領が約10年周期で改訂されてきたことが関係している。

　しかし日本でのカリキュラムは研究や実践の用語として使われることが多く，○○プランやカリキュラム・マネジメントの場合を除けば，教育課程という用語のほうが広く定着している。教育課程とカリキュラムの意味内容は明らかに異なる。教育課程はあくまで教育計画であるのに対してカリキュラムは学習経験を含むものだからである。ではカリキュラムの厳密な定義とは何かと問われるならば，「カリキュラム研究における最大の課題は，カリキュラムといわれる対象をいかにとらえ，その内容をどのようにして創り出し，構成していくのかにある」[2]と答えざるをえない面がある。カリキュラム研究を始めるときまず取り組むべきことは問題とするその対象を明確に定義することである。

（2）用語'カリキュラム'の初出と時代背景

　カリキュラムの語源はラテン語の「クレーレ」に発し，これが「走路→学習の道筋→学習経験の総体」に敷衍（ふえん）されてきた。カリキュラムは「学習履歴」という個人の視点を持つと共に組織の視点を内包している。カリキュラムというラテン語は，16世紀後半，宗教改革期の欧州の大学で初めて使われた。当時，曖昧になされていた大学の卒業認定を「所定の課程」として明確にするためにカリキュラムという用語が用いられた。用語としてカリキュラムを導入した背景には，当時の大学上層部を占めていたプロテスタントの中でもとくに厳格だといわれるカルヴァン派の信念が反映していた。それは教育課程の標準性と系統性をどう確保するかという「組織の思想」を表しているというのである[3]。

　当時の新語であっただろうラテン語由来のカリキュラムが教育課程の系統性を組織する文脈において用いられたことは，それが「クラス」や「一斉教授」と同時期に初出であったことが関連している。現代の学校や教室でよく使われる用語の初出を調べた英国の教育社会学者ハミルト

ン（Hamilton, D）によれば，これらの教育指導の用語が導入されたことそれ自体が当時の社会変化を表しているという。一般に教育は社会変化の従属変数として「後追い」的に文化的遅滞（cultural lag）を伴って変わるものだとされてきたが，用語‘カリキュラム’の初出は「出口の管理」によって旧来の教育慣習を変えるため先取り的にそれが導入されたことを物語っている。この点に注目したハミルトンは，教育の実践は「来るべき」社会の実践そのものであると指摘している[4]。

　類似の指摘は教育社会学の祖デュルケーム（Durkheim, E）によっても20世紀の早くになされている。客観的な実証科学の立場をとる彼は，カリキュラムを通じて人間と社会を観るという斬新な研究視角から，「教育の変遷はつねにそれを説明する社会の変化の結果であり，またその兆候でもある」との命題を示唆している[5]。ここでは歴史的研究によってカリキュラムという概念の語源と初出の社会的背景を探究することの意義をよく理解しておきたい。こうした実証的なカリキュラム研究の方法については次章で詳しく検討する。

（3）カリキュラムの諸相

　カリキュラムは研究対象として把握しやすいように見えて，実は多くの相からなっている。カリキュラムの持つ諸相を見通すために四つの構造（制度・計画・実践・経験の四相）を区別してみる。

①国家が制度化する教育課程の基準である学習指導要領
②地方教育委員会や各学校が計画化する年間指導計画
③教授者が実践する単元や学習指導の計画
④学習者が結果的に学び経験している内容

　すなわち，①は学習指導要領に示される制度化された相に属するものを，②は地方カリキュラムや各学校の年間指導計画として計画された相のものを，③は教授者が授業で実践する相に属するものを，そして④は学習者が実際に経験する相に属するものを，それぞれ表している。ここ

で重要な点は，①から③までのカリキュラムが特定の意図をもって展開する「意図されたカリキュラム」であるのに対して，④はそのような意図通りには経験されない「意図されなかったカリキュラム」であることである。先述の「隠れたカリキュラム」研究は教育意図と学習経験の間に生じるこうした相の乖離を指摘したのである。研究者の多くがそれまでこの乖離に関心を払ってこなかったことはカリキュラム研究が抱える方法的な問題点である。

　「隠れたカリキュラム」研究が登場する60年代後半までカリキュラム研究の対象は「意図されたカリキュラム」の相であった。すなわち学習指導要領や教育課程表，教科書や教材，単元表や学習指導案，および授業の実践記録等が分析の対象であった。ところがこれらはいずれも文書化された「紙」キュラムであり，学習者への結果をとらえていない点では「仮」キュラムである。カリキュラムの実体をとらえるのは一般に考えられるほど容易なことではないので，多様な理論を用いて多様な角度からの研究が試みられてきた。

3. カリキュラム研究の理論的パラダイム

(1) パラダイムの視点と研究動向

　研究対象としてのカリキュラムの領域が広くなりすぎていることへの懸念の声も聞かれるけれども，しかし領域の拡大は研究者にとって喜ばしいことである。教育課程からカリキュラムへの転換はこの領域を活性化させたという点で理論的パラダイムの革新をもたらした。それは教育課程の伝達機能に対する「過信」を揺るがしたし，またひとの学習経験の持つ多様性と可能性に気づかせてくれたからである。ではカリキュラムの概念によるパラダイム転換後の展開はどうなったのだろう。以下では主として70年代以降の研究動向を中心にカリキュラム研究の理論展開をパラダイムの視点から検討して，次章以降の構成の見取り図を描くことにする。

　パラダイムという見方の興味深いところは，特定の学説モデルの生成と普及そして転換と衰退について，その時代や社会そして学界での勢力

関係といったリアルな視点から説明しようとするところにある。科学史研究者のクーン（Kuhn. T）が提唱した「パラダイム」論は科学革命のプロセスを新旧パラダイムの転換としてダイナミックにとらえる視点が注目され，近年では政治や思想等の転換にも使われることがある[6]。

　21世紀に入ってカリキュラムと学習過程の研究を牽引する有力なパラダイムの一つは「社会的構成主義」（social constructionism）である。とくに認知心理学を中心とする「学習の科学」は量的研究法ではなく質的研究法による独自の研究成果と若手研究者層を生み出している。カリキュラムの研究はこうした「親」学問からの影響を受けながら展開してきた。研究領域とそこで普及しているパラダイムはその時代と社会の様相を一定反映している面がある。カリキュラムにミクロな研究関心を注ぐ社会的構成主義と質的研究法の普及は，社会全体へのマクロな関心が失われつつあることの裏返しでもある。逆に60年代の高度経済成長期においては機能主義やシステム論といった予定調和的な社会観によるマクロな関心が優勢であった。このように理論的パラダイムの動向はその社会背景という広い視野から検討する必要がある。

（2）カリキュラムの実証的研究と日本での動向

　カリキュラムの研究史を論じたテキストは大学院レベルでも多く出版されている。中でも安彦忠彦による欧米と日本での動向整理が全体的な構図を示してくれる。ギリシャ・ローマ時代から始まるカリキュラム論の流れの中で実証的な視点を持つようになったのは米国で1918年にボビット（Bobbitt, F）が著した文献が最初であるという。それは教育を「生活への準備」と考え，人間の生活の中で個別的諸活動に必要な諸能力を育てるため，それに必要な一連の経験をカリキュラムとして構成すればよい，と考えた「活動分析法」と呼ばれる。それ以前のカリキュラム論と異なるところは，科学的な調査法を用いて10領域の活動を抽出分類した点にあって，これらはさらに精細に分析され，それを教科別の教育目標として細かく規定しているという[7]。

　ボビットの方法は現在から見れば素朴な調査法であるが，しかしそれ

以前のカリキュラム論が主として「あるべき」人物像をもとに教育目標を設定しその目標を実現するための教育計画案を客観的根拠でなく主観的な思想・信念に基づいて提案するという形での規範科学の様式をとっていたのに対して，実証科学の視点を持つ点で画期的な意義を持っている。ボビット以降のカリキュラム研究は将来の社会と生活を予想しながらそれに適応できる人間を育成することがカリキュラムの役割であるとする前提を持つ。このような未来予測型のカリキュラム論は現在でも教育計画を立案する際の自明の前提をなしているという点ではパラダイムの一つである(8)。

　カリキュラムを論ずる際の三つの視点として，①子ども，②社会的要請，および③科学・文化，を設定し，三者をどう調和的に編成するかが70年代以降の争点であった。高度経済成長期には②が強まり，中でも産業界からの人材育成の要請が強まったが，安定・低成長期に入って教育課程の調和が唱えられる。先にカリキュラムという用語は約20年の周期でブームとなったと述べたが，その時期は子どもを学習主体として重視する学習指導要領の改訂期と重なっている。戦後日本でカリキュラムという用語が使われるときは，子ども主体の学習経験をより強調する文脈においてであることがわかる。70年代は日本社会が経済成長を成し遂げてポストモダンな社会状況を迎えた時期であって，1977（昭和52）年の学習指導要領の改訂では「ゆとりと充実」が標語に掲げられた。

　カリキュラムの開発に関するパラダイムの中では先述の「学校に基礎をおくカリキュラム開発」が提唱され，日本版SBCDとされる「ゆとりの時間」（学校裁量の時間）が設けられるが，結局十分には活用されなかった。このころから教師はカリキュラムのユーザーからメーカーに役割を転換すべきであると提唱され始める。カリキュラムの理論と実践の間に何らかの乖離が生じ始めるのもこの時期と重なる。それはSBCDという「外来」パラダイムとその「上意下達的」な普及を中央集権システムによって行うという矛盾をはらんでいたからである。この「無理」が90年代の行政改革において地方分権化と学校裁量幅の拡大を実現するという文脈で受け継がれていく。各学校は学習指導要領体制の中で創意

工夫によって特色ある教育課程を編成するように促されるというダブル
バインド（二重拘束）な状況に置かれる。

　90年代からの教育自由化（規制緩和）と構造改革の流れの中でカリキ
ュラムの実証的研究のパラダイムはどう普及していったのであろうか。
カリキュラム開発の領域では1975（昭和50）年から文部省が「研究開発
学校制度」を発足させ指定校でのカリキュラム開発による実証的資料の
収集が行われるようになった。これにより学校週5日制，生活科，新し
い教科や領域，中高一貫や小中一貫等のカリキュラムとその影響に関す
る資料が収集・蓄積され，その報告が学習指導要領の改訂の議論にも役
立てられてきた。カリキュラムの実証的資料が研究者と実践者の間で収
集・共有されることが実証的なパラダイムの普及につながった。

　また2001（平成13）年からの省庁再編により国立教育政策研究所が発
足し，その中に「教育課程研究センター」が設置された。各種の学力調
査や実践研究の結果を分析し，その報告を公表すると共に中央教育審議
会への資料提供を行うシステムが構築された。こうしたカリキュラムの
基礎的研究部門が整備される中で，より科学的で客観的な資料に基づく
政策決定が行われることが期待されるわけであるが，しかし日本の大学
院ではカリキュラムの名称を冠した研究室が少ないという事情がある。
すなわち，教育方法学の研究室は多いけれども，教育内容や教育課程，
カリキュラムという名称は名古屋大学と筑波大学の大学院くらいであ
る。その原因には国民形成に重要な教育内容に関する研究は中央行政機
関で行うという「伝統」が関係しているのかもしれない。いずれにせよ
日本ではカリキュラム専門の研究者層が薄いことは否めない事実であ
る。

　研究者層の薄さをカバーしているのは多様な領域からカリキュラムに
関心を払う専門家が集合しているからであって，その主な領域は哲学，
歴史，教育方法学，社会学，教育工学，心理学，経営学，行政学，国際
比較，批判的研究等に及ぶ[9]。これらの領域の中には社会学，教育工
学，心理学，国際比較等のように主として実証的な研究方法をとってい
るものが少なくなく，またこれ以外にもカリキュラムに関する実証的資

料を分析に利用している分野が多い。カリキュラムの理論と実践はこのように多様な領域で蓄積されているので，そのすべてをここで紹介することは難しい。そこで全体の見取り図を描くために，各領域の立場を簡単に説明し，次章以降，本書で取り扱う章の部分に触れておきたい。

4. カリキュラム研究の領域

　カリキュラムの研究領域は大きく分けて「基礎・境界・応用」の三つに分けられる。図1-1にその構図を簡単に示す。これは教育学の場合とも類似しているが，近年は三者にまたがって研究しているケースも多くみられる。すなわち基礎として理論研究を行いその枠組みを用いてフィールド・ワーク（現地調査）やアクション・リサーチ（実践研究）として応用研究を行う場合である。従来は基礎と応用を峻別して，研究者は基礎研究に専念し応用研究は実践者に委ねるべきとする言説も聞かれたけれども，その立場性は保持しつつしだいに三者のボーダレス化が進みつつある。

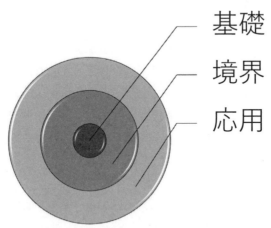

基礎
境界
応用

図1-1　カリキュラムの研究領域

　基礎領域の代表例はカリキュラムの哲学・思想の研究である。過去の教育思想家の著作物が対象となるので文献研究が主となる。哲学・思想研究は必然的に思想史や教育史等の歴史研究に連なるから，両者の間に

は一部に共通する研究領域がみられる。他方，教育実践家による著作や
実践記録等は教育史の中でもカリキュラム史の資料として使われてお
り，中には社会史の手法による研究もみられる。次に心理学や社会学に
よる実証的な研究も基礎領域に属する。一般に心理学は実験法を，社会
学は調査法による実証的な研究成果を特徴としてきたが，近年では調査
法の範囲も広がって心理学的な調査法や質的研究法もとられている。そ
れでも実証的な研究では客観的で厳密な方法論が確立しているのでそれ
は基礎と応用でも共通している。

　次に基礎と応用の境界に位置する領域として，国際比較と行政学が位
置づけられる。両者ともカリキュラムの制度に関心を払うが，前者は比
較教育学の方法で国際比較を，また後者は教育行政学の方法で法理解釈
をそれぞれ行う。どの国を対象に選ぶか，あるいはどのような理論的パ
ラダイムの立場を採用するかによって，基礎と応用への傾きは異なって
くる。

　そして応用研究としては，教育方法学，教育工学，経営学，および批
判的研究が挙げられる。教育方法学の中には教科教育，教科外教育，授
業，教育評価，および生活指導等の領域からの実践的なカリキュラム研
究が行われている。教育工学ではICTの利用だけでなく認知心理学的
な方法による実践的なカリキュラム研究も行われている。教育経営で
は，以前から教育課程経営が論じられており，近年ではカリキュラム・
マネジメントやその教師教育に関する実践的研究の成果が発表されてい
る。その中には国際比較や行政学の専門家も加わっている点が特徴であ
る。またカリキュラムの批判的研究はカリキュラムをめぐる原理的な争
点と共に差別や格差の問題について社会的ムーブメントと連動した実践
研究を行ってきた。

　このようにカリキュラムの研究領域は多岐にわたる。各領域では
「親」学問のパラダイムのみならず，たとえばカリキュラムの構成論や
評価論では独自の理論も開拓してきた。そこではカリキュラムを構成す
る際の諸原理（組織原理や履修原理等）やカリキュラムの事後評価を行
うときの方法が検討されてきた。一般にカリキュラム論では目標論，構

成論，実践論，および評価論の四つが知られており，この他にカリキュラムの類型論も独自の領域である。これらの領域ではカリキュラムの概念をどう規定するかによって研究上の問いの立て方が変わってくる。

　この科目では目次に示すように各研究領域を微視的，中間的，および巨視的領域の順にズームアウトする形で理論的パラダイムを取り上げる。そしてカリキュラム研究の理論と実践をめぐる具体的な問題を，「6　学力モデルとカリキュラム」と「7　カリキュラム・マネジメント」の二つから考える。この二つが最近のカリキュラム研究で注目されるホット・イッシュウだからである。その後の章ではカリキュラムの実践的研究と関連して，「8　カリキュラムの研究開発」，「9　教師によるカリキュラム研究」，「10　教科カリキュラム」，「11　教科外カリキュラム」，「12　カリキュラムの接続」，「13　カリキュラムの分化と統合」，「14　カリキュラムの評価」の側面をそれぞれ検討し，最後に「15　カリキュラム研究の留意点と課題」としてまとめを行う。

≫注

(1) 典型的な立場がウィリアム・パイナー（Pinar, W.）である。彼のいう「自分史としてのカリキュラム」については学部科目のテキストを参照されたい。浅沼茂・奈須正裕『カリキュラムと学習過程』放送大学教育振興会，2016，24頁。

(2) 長尾彰夫「カリキュラム研究の新しい動向」日本カリキュラム学会編『現代カリキュラム研究の動向と展望』教育出版，2019，356頁。

(3) ハミルトン・D（1989），安川哲夫訳『学校教育の理論に向けて―クラス・カリキュラム・一斉教授の思想と歴史』世織書房，1998。

(4) 同上書。

(5) デュルケーム・E（1938），小関藤一郎訳『フランス教育思想史』行路社，1981。

(6) クーン・T（1962），中山茂訳『科学革命の構造』みすず書房，1971。

(7) Bobbitt, F. J（1918），The curriculum, Boston：Houghton Mifflin. 安彦忠彦編（1999）『新版カリキュラム研究入門』勁草書房，13頁，文中引用。

(8) 米国においてもう一つの系譜が哲学者として著名なデューイ（Dewey, J.）に代表される児童中心の進歩主義教育運動である。『学校と社会・子どもとカリキュラム』原著（1902, 1900）市村尚久訳，講談社学術文庫，1990，および『経験と教育』原著（1938）市村尚久訳，講談社学術文庫，2004。

　また進歩主義教育との比較でボビットを「大工場の生産システムの導入によって学校教育の効率化と科学化を推進した」系譜に位置づける説もある。佐藤学「カリキュラム編成の基本問題」日本カリキュラム学会編，前掲書，18頁。

(9) 日本カリキュラム学会編，前掲書，「もくじ」を参照。

◉学習課題

1．カリキュラムを研究する意義について自らの関心をもとに箇条書きにまとめてみよう。

2．カリキュラム研究のパラダイムを一つ選びその特徴を整理しよう。例として「教育内容の現代化」を挙げておきます。

2 │ カリキュラム研究の方法

田中　統治

≪**目標＆ポイント**≫　カリキュラムの研究方法の動向を研究の系譜によって
類型化して解説し，とくに1970年代以降の研究動向の特徴を検討する。カリ
キュラムの概念の定義，諸相，学説動向についてキーワードを用いて説明で
きることをめざす。
≪**キーワード**≫　教育内容，文化伝達，カリキュラム開発

1．カリキュラム研究法の基礎

（1）研究法はテーマ設定から始まる

　一般に研究法といえば文献研究法や調査法等の具体的な方法（how）
を想起しがちである。だがカリキュラム研究の場合の方法選びは理論的
な枠組みづくりから始まる。前章ではこれをカリキュラムの定義つまり
概念規定から着手することに触れた。それはカリキュラムとは何か
（what）という問いであり，次になぜそのように規定するのか（why）
という根拠の説明が求められる。カリキュラムをただ思いつきで規定す
るのではなく，そう規定することでカリキュラムのどの側面を照らし出
し，それをクローズアップすることでどんな「良いこと」があるのか，
どんな世界が見えてくるのかという着眼点の「良さ」を説得的に訴える
段階である。研究方法とは自分が解きたい問題を設定してそれに着眼す
るメリットをアピールするところから始まる。
　それは研究テーマを設定する作業の中で行われる。教育学に限らず文
科系の分野では研究テーマを決めるために長い時間をかけるが，それは
対象をできるだけ限定し研究の焦点を絞り込むためである。扱いたい問
題を広げすぎると研究の焦点がぼやけてくる。だから逆にこの研究では
何を扱わないのかという点を明確にする。研究テーマは，主題目におい

て何を鍵概念（key concept）に据えるかによって，また副題の立て方や絞り込み方で決まる。テーマ設定は研究方法に含まれないと思われがちであるけれども，しかしこの過程で研究法選びが始まっている。したがって最適の研究テーマを選ぶため相談に時間をかける必要がある。

　研究テーマは何度も吟味されるので研究の最終段階である論文提出の直前で変更されることがある。研究が当初の予定通りに進まないケースもよく起こることである。場合によっては研究内容を分節化して集めた資料の中から確実に導き出せる結論だけに絞り込むことがある。その際は研究の目的や方法を結論部に即するように書き直すことになる。筆者が指導生に勧めていることは，論文の冒頭で，「本研究の目的は，…」で始まる文章を 3 行くらいにまとめて表現することである。もちろん研究の目的は後の節で詳しく述べるのだが，研究の方向性を打ち出す意味で，研究方法の着眼点を最初に書いておくのである。そうすればその後の文章で「主人公」が執筆者自身に定まっていく。導入部を行政筋の公的文書から書き始めるのは得策でない。

（2）「価値自由」の原理

　カリキュラムの研究法は前章で検討した専門分野によって分かれるが，全体に共通する研究の原理がある。研究法の原理は教育学が社会科学の分野に属することから研究の倫理面も含めた基礎的原理が関連しており，その一つが「価値自由の原理」といわれる。ドイツの社会学者ヴェーバー（Weber, M）が社会科学の基礎原理として提唱した「価値自由」（Wertfreiheit：没価値とも訳される）の原理は，社会科学の認識において客観性を保持しイデオロギー化を防ぐため，事実判断に研究者自身の価値や理念を持ち込まないようにすべきであるという原則を提唱した[1]。社会科学の研究の中にそれらが持ち込まれると研究が科学ではなく「神々の争い」（信奉する宗派をめぐる類の論争）に陥ることを懸念したのである。研究者の価値判断と研究のあり方をめぐる議論は現代でも続いているけれども，この「価値自由の原理」は，「知的廉直さ」と共に，社会科学者が守るべき原理として広く知られている。

　カリキュラム研究においてはこの価値判断をめぐる問題を研究者が十分に自覚しておくべきである。というのもカリキュラムは教育や学習の価値をめぐる争点を含むからである。すなわち研究を始める前提としてそのカリキュラムに内在する価値を絶対的に良いものとして出発すると，それは最初から結論が決まっている主観的「研究」ということになって，偏り（bias）を持った研究とみなされる。研究テーマは問いを立てることであるにもかかわらず，その問いへの答えが初めから決まっているような「研究」であれば，それは研究ではなくただ単なる主張にすぎない。カリキュラム研究はそのカリキュラムを作成した実践者が研究する場合が多く，結果的に「自画自賛」「我田引水」の研究に陥ってしまうケースが多くみられる。そうならないためには，自作のカリキュラムであってもこれを対象化して相対的な視点からできるだけ客観的方法で見つめ直す態度と視点が必要になる。

（3）「相対の感覚」を磨く

　こうした「実証科学（経験科学とも呼ばれる）の精神」を提唱したもう一人の社会学者が先述のデュルケームである。彼は教育社会学が「教育の科学」として教育学に寄与するためには二つの方法が必要であると考えた(2)。その第一は，普遍的に通用する理想的な教育というものはそもそも存在しないと考え，教育という営みを特定の時代と社会によっていつも規定されて生ずる社会的産物とみなして検討する方法である。彼はこれを「相対の感覚」と呼ぶ。第二は，実証の精神といわれる社会学の方法である。人々の社会意識（集合表象）を形作る社会構造の特徴に注目してこれを「社会的事実」と名づけ，その視点から説明を試みる学問的な姿勢を提唱した。

　「相対の感覚」を磨くうえでは歴史的相対化と空間的相対化が有益である。つまり時間軸と空間軸による相対化であって，前者が歴史研究，後者が異文化研究である。いま私たちの眼前にあるカリキュラムの持つ歴史的ならびに文化的な由来を調べることが「相対の感覚」をもって研究するセンスを磨くことになる。「実証の精神」を体現しているといわ

れるデュルケームの『自殺論』では，自殺の動機面ではなく，「キリスト教宗派の地域分布の違いによって自殺率が異なるのはなぜか」という問いを立て，より客観的な社会構造の側面からひとの行動特性を説明しようとする姿勢が貫かれている[3]。

　カリキュラム研究において「相対の感覚」を持つことは，蟻の目と鳥の目を往還することである。教育内容としてのカリキュラムを見るためにはそのカリキュラムが展開されている状況を観察する必要がある。その際，誰の立ち位置から観察するか，そのポジションから何を中心に注目しながら観察をするかという選択を行うわけであり，選んだ位置から見えにくい領域や背景についても目配りを怠っていないことを示すことができれば，研究の奥行きを増すことにつながる。また資料の裏づけとして，第三者の眼から見た資料の引用や，特定の事例を取り巻く状況に関する傍証や例証の形で論拠を補強するときに幅広い視野をとることが研究上有益である。

2.　カリキュラム研究の動向と方法

（1）70年代以降のカリキュラム研究の動向

　1970年代までのカリキュラム研究において代表的なパラダイムを構成する概念は「カリキュラム開発」（curriculum development）であろう。カリキュラム開発という考え方は米国流の経営科学的なカリキュラム研究の系譜を汲んでいる。「開発」という概念がもともと行動科学を基礎とする「過程・産出モデル」を前提とする概念であったことに留意しておく必要があって，このモデルは「研究・開発・普及」（R-D-D model），すなわち中央機関において専門家が研究し開発したカリキュラムを学校と教室に普及させる開発様式である[4]。RDD モデルの問題点については第8章で検討するが，ここでは米国のカリキュラム開発の系譜の中で，カリキュラムは「合理的」に構成するべきであるとする「タイラーの原理」と呼ばれるパラダイムが受け継がれてきた点に触れておきたい。

　「タイラーの原理」は次の四つの手順をサイクルとして繰り返すことによってカリキュラムはつねに改善されるとする。

①学校はどのような教育目標を達成しようと努めるべきか。

②どのような教育的経験を用意すれば，これらの目的を達成できるか。

③これらの教育的経験はいかにして効果的に組織されうるか。

④これらの目的が達成されたかどうかは，どのようにすれば判定できるか(5)。

カリキュラム・マネジメントで提唱されるPDCAサイクルの原型ともいうべきこの「タイラーの原理」は，米国流の行動主義に基づくカリキュラム開発の典型モデルとされた。

70年代以降はカリキュラム開発という用語への批判が高まり，これに替わってデザインや形成（shaping）といった教師の専門家としてのアイディアや対話を重視するパラダイムへ転換していく。カリキュラム開発の「再概念化」といわれるこのパラダイム転換は多様な代替パラダイムを生み出すけれども，しかしこれによって行動科学とは別の意味で，理論と実践のズレ，および研究者と教師の間で乖離を生み出したともいわれる(6)。

すなわち70年代の欧米では「ポストモダン」や「人間中心」のカリキュラム論が提唱され，日本でも「近代」が自明視し捨象してきた側面，「人間として調和のとれた」発達を促すためのカリキュラムが語られ始める。そして80年代には一方で英米において日本型のナショナル・カリキュラムが再評価される中，他方日本では逆に臨時教育審議会で「新自由主義」と呼ばれる市場原理に教育の選択を委ねる言説に押される形で，その動きに対して批判的な「社会的構成主義」や「批判理論」を除いて有力なパラダイムが生じにくくなった。研究者の立場やグループによってそれぞれ独自のパラダイムは産出されるが，それらはアカデミズムの世界に閉じこもりがちで，地域や教師によるカリキュラムの実践研究との連携を失ってしまう傾向が生じる。

90年代は世界で21世紀に向けたカリキュラムの改革が進められたが，多くの国で生涯学習と接続するための学校カリキュラム案が提出される。21世紀に入ってからはOECD-PISA（Programme for International Student Assessment）を中心とする国際学力調査の結果に触発される形

でその順位を上げるためカリキュラムのグローバル化が進む。日本では
"PISA2003ショック"を受ける形で2007（平成19）年から全国学力・学
習状況調査が悉皆（しっかい：全数）調査で行われ始める。PISAで最
上位を占めるフィンランドのカリキュラムが注目され，それと同型のモ
デルが「世界標準」のカリキュラムとされて普及する。またICTによ
る飛躍的革新，とくにAIの進歩によってひとの仕事が奪われるという
危機感から「コンピテンシー」を中心に新しいタイプの汎用的学力や資
質・能力を育成するためのカリキュラム論が模索され始める。

　70年代を境にカリキュラム研究の前提をなしてきた「近代」合理主義
への懐疑的な見方が広がり，カリキュラム研究のパラダイムも実証科学
一辺倒のものから離脱する動きが現れる[7]。実証科学はカリキュラム
研究の前提ではなくそれ自体が問い直すべき方法の一つとされた。その
一方で国際学力競争の中でカリキュラムのグローバル化とも評される
「同型化」が生じており，PISAへの批判の声も高まっている。こうして
カリキュラム研究は「グローバル化による標準化」と「教育格差による
分断」という相矛盾した状況への対応を迫られている。

　またカリキュラム研究はその他の領域とのボーダレス化の動向にも直
面している。カリキュラムが学際的な領域であることは前章でも述べた
が，カリキュラムと隣接している教師，授業，学習，教材，評価等の研
究がカリキュラム研究のアイデンティティを曖昧にし始めている。たと
えば中には，カリキュラムという用語が見出しにも文中にも書かれてい
ない論文が学会誌に掲載されるケースまでみられる。カリキュラムを取
り巻く教育研究全体のパラダイム・シフトが隣接領域との境界を越えて
相互の特徴を不鮮明にしている。

（2）カリキュラム研究のアイデンティティ

　カリキュラムは文化を伝達する装置であるからその文化伝達の過程で
教育内容が学習経験に変換されていくことになる。教えと学びのこの過
程を探究することがカリキュラム研究の大きな課題である。カリキュラ
ム開発のパラダイムは新しいカリキュラムを開発することに注力してき

たために，結果的に過去のカリキュラムの結果やそれとの連続性を見失
わせた面がある。それは今あるカリキュラムを否定して未来のカリキュ
ラムを追究するという研究スタイルを生み出した。現状否定・未来指向
型のパラダイムは教育学の系譜の中で主流を形成してきたし，カリキュ
ラム研究もその流れを汲んできた。カリキュラムの「あるべき姿」を論
ずる当為論は規範科学としてのアイデンティティを研究者に保持させて
きた。

　これに対する存在論の系譜は「あり様」論といわれる実証科学の立場
を堅持してきた。この立場は事実分析を重視するためにやや現状肯定的
に映ることがあるけれども，しかし研究者の立場性を超えた研究結果の
積み上げという点では一定の生産性をあげてきた。70年代以降のカリキ
ュラム研究の混迷の中で実証研究の系譜は，たとえば量的研究と質的研
究の相補的な補完や，工学的接近と解釈的接近の両立といったパラダイ
ムの連続性を確保してきたといえる。研究領域のボーダレス化に直面し
ても実証的な研究法という共通の基盤が対象であるカリキュラムの多面
的な理解を前進させる可能性が高い。

　研究方法をめぐる研究者のアイデンティティは，縦軸である研究系譜
と，横軸に当たる時代・社会の両軸の中で位置づけられる。このため研
究者の世代によってもパラダイムと方法論をめぐるアイデンティティは
揺れ動く。学説の動向も時代・社会に左右されながら変化していくもの
であって，10年も経過すればまったく別のパラダイムに転換することも
しばしばである。カリキュラムの理論と実践をめぐる乖離は研究の基礎
領域で起こりがちであるが，その際に実証的カリキュラム研究としての
アイデンティティを保つうえでは，たとえば下記のような教育内容に含
まれる問いを持ち続けることが重要である。

①教育内容として妥当な内容は何だとみなされているか（定義）

②教育内容としてどのような知識等が選ばれてその根拠は何か（選
　択）

③教育内容を学ぶ機会は誰に開かれているか（配分）

④教育内容への接近可能性の差異はどう正当化されているか（正当

性）

　上記のような教育内容の定義，選択，配分，および正当性の問題は，いずれもカリキュラム研究における本質的な問いを含んでいる。実証的研究を進める者はこれらの問いを持ち続けながら特定のカリキュラムを対象化して見ている。それは当該カリキュラムの適切性や有効性等を議論する以前にまず共通に問うべき問いだからである。カリキュラムは文化の伝達と受容を通して人間形成を行う「社会的」な装置であるという基本認識を共有している。教育の目的論は教育の内容論という次元においてその具体像が初めて明確になる。とかく「総論賛成・各論反対」に陥りがちな教育論では実証的な研究結果を突き合わせて客観的に議論することが求められる。そうしなければ教育論が「好き嫌い」の次元にまで落ち込むからである。

3.　カリキュラムを「生きた姿」でとらえる

　カリキュラムの実像をとらえる上では研究対象に据えるべき問題領域

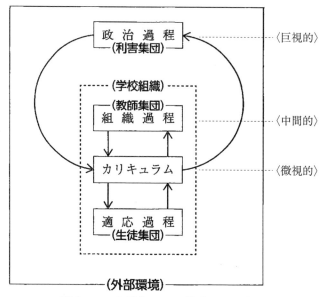

図2-1　カリキュラム研究の問題領域

を整理する必要がある。筆者が作成した図2-1によってこれを整理してみると、カリキュラム研究の対象は微視的（micro）、中間的（meso）、および巨視的（macro）の三つの問題領域から構成される[8]。

　カリキュラムは真空状態の中で展開しているわけではなく、そこではカリキュラムを挟む形で教授者集団と学習者集団が相互作用を営んでいる。このプロセスを「教育過程」（educational processes）と呼んできた。教育過程は教育課程と混同されやすいが、その趣旨は教育過程がカリキュラムのダイナミックな側面、つまりカリキュラムを「生きた姿」でとらえるところにある。たとえば学校の場合、教師集団と児童生徒集団がカリキュラムを介してつねに相互作用を営んでいて、その過程はカリキュラムの周囲にヒューマン・インターフェース（人間との臨界面）を形作っており、この微視的な領域がカリキュラムの実質を生み出すことがわかる。教育過程研究はカリキュラムのみを単独で取り上げてきた従来の研究の領域を相互作用の世界に広げる方法的な意義を持つ。次にカリキュラムの巨視的ならびに微視的な現象はその中間に何らかの媒介過程をもってダイナミックに展開している。これを教育機関の教師集団における「組織過程」（organizational processes）と名づけて、カリキュラムが組織的に編成され変化する過程をとらえようと試みる。以下、各領域の概要をミクロ、メゾ、そしてマクロの順に説明する。

　第一の適応過程は学習者の経験構造が規制される過程である。カリキュラムはそれが教え学ばれるところに立ち上がる。それは授業場面を中心に展開する「教育過程」である。教育過程は知識の伝達と受容が行われる場面であって、具体的には教授者と学習者が教育内容を介して行う相互作用の過程である。教育組織は学習者集団が特定のカリキュラムに適応することを前提に知識を編成しているが、しかし学習者の適応様式は同調から逸脱まで広範囲に分化してくる。それでも学校をドロップアウトしない限り予め定められたカリキュラムに何らかの形で適応するよう迫られ、その結果彼らが選択しうる適応行動の幅や範囲が狭められる。カリキュラムへの適応は「隠れたカリキュラム」（hidden curriculum）を通して行われるので，学習者のアイデンティティにまで届くほど強力な影響を及ぼす。つまり「隠れたカリキュラム」の視点は研究者を微視的場面に注目させながら，併せて公式のカリキュラムとの相互関係にも注意するように仕向けるので，従来よりもカリキュラムに関する深い理解へ導くわけである。

　第二の組織過程は教授者集団が教育知識を伝達するために行う意思決定の過程である。特定の教育目標を達成するためにカリキュラムを編成する教育組織において教授者たちは同僚と共に教授組織に属し，カリキュラムを運用する上で必要な多様な決定を下している。たとえば教科担任制のように教科別による専門分化の度合いが強い場合，教授者が有する自由裁量の範囲が広がるので，カリキュラムの組織過程は成員間での暗黙の了解のもと緩やかに展開する。これに対し学年別や校務分掌別による組織化が強い場合，教授者は特定の方針のもとに意思決定を行うことになるので，カリキュラムの組織過程はタイトなものになる。しかも教育組織を取り巻く外部環境との関係によって内部過程の様相も異なるから，内外のダイナミックな相互作用によってカリキュラムの組織化が多様になされていく。そのプロセスは，社会の巨視的な状況が微視的な文脈に変換されていく，カリキュラムの媒介過程の特徴を示している。

　第三の政治過程はカリキュラムをめぐって利害集団が展開する巨視的な状況を指す。特定のカリキュラムはその教育的価値を正当化する信念体系によって支えられており，教育界のみならず広く業界の利害関係を生み出している。例えば，教科科目の統合と分化あるいは必修と選択という問題は，当該教科の持つ物的・人的資源や社会的威信等に影響を及ぼす。このため既得権益を守ろうとする教科団体と新しい団体との間で多様な形態の交渉による政治が行われる。政治過程研究の主な目的は，カリキュラムの改革や決定をめぐる社会的交渉やロビー活動が公正な手続きによって行われているかどうかを調べることである。社会変動とカリキュラムの関係を政治過程の視点からとらえ直すことで，そこで使わ

れる独特の言説やレトリック，慣行の特徴がより明確にできる。そうすると学習指導要領の改訂は「カリキュラムの政治」として新たな視点から解明すべき問題領域となる。

　このように三つに整理した問題領域は相互に規定し合う形で展開しているので，その相互関連に関する構図を描いておくとよい。構造主義の立場のように巨視的と微視的な状況を構造的な側面から説明しようと試みる学説もみられる。だがそれでもなおカリキュラムの具体がもっとも明確に現れるのは微視的な領域においてである点は否定できない。なぜなら教えと学びが交錯する場面と文脈は微視的な領域を抜きに探究しがたいからである。したがってカリキュラムへの巨視的な関心をもって研究する場合にも，微視的な場面を想定して資料を収集することが必要である。なぜなら「歴史は細部に宿る」といわれるように微視的な状況に関する資料のほうが説得力を増すからである。カリキュラム研究はこれらの問題領域に応じて研究方法を選ぶことが求められるが，理論と実践をつなぐためにカリキュラムを「生きた姿」でリアルにとらえる方法を工夫することを心掛けたい。

≫**注**

⑴　Weber. M（1904），富永裕治他訳『社会科学と社会政策にかかわる認識の「客観性」』岩波文庫，1998。

⑵　デュルケーム. É（1895），宮島喬訳『社会学的方法の規準』岩波文庫，1978。

⑶　デュルケーム. É（1897），宮島喬訳『自殺論』岩波文庫，1985。

⑷　佐藤学「カリキュラム研究と教師研究」，安彦忠彦編『新版カリキュラム研究入門』1999，174頁。

⑸　タイラー. R. W（1949），金子孫一監訳『現代カリキュラム研究の基礎』社団法人　日本教育経営協会，1978。

⑹　佐藤学　前掲論文，175頁。

⑺　浅沼茂他編著『ポストモダンとカリキュラム』発行：C.S.L.学習評価研究所，発売：みくに出版，1995。

⑻　田中統治「カリキュラムの社会学的研究」日本カリキュラム学会編『現代カリキュラム研究の動向と展望』教育出版，2019，304頁。

◉**学習課題** ─────────────────────────

１．カリキュラムの研究法の前提となる社会科学の方法についてそのポイントを箇条書きでまとめてみよう。

２．カリキュラムの実証的研究の論文を一つ選び，先行研究と比較してみたその方法の利点を挙げてみよう。

3 | カリキュラムの微視的問題

田中　統治

≪目標＆ポイント≫　授業場面を中心としたカリキュラムの微視的問題を相互作用論や構成主義の立場から検討し，その研究の特徴と成果を考える。
≪キーワード≫　教育知識，相互作用，潜在的カリキュラム

1．カリキュラム研究の微視的な視点

（1）教育知識の構成

　カリキュラムの微視的問題は先述した教育過程に集約される。教育過程は教育の主体（教授者）―教育の内容（カリキュラム）―教育の客体（学習者）の三者が展開する相互作用（interaction）である。相互作用はひととひととの間でなされる作用・反作用の連続的な影響過程のことであって，相互行為ともいう(1)。教育過程はその間にカリキュラムが介在する独特の過程である。ひととひととがやり取りする内容には言語的なメッセージも非言語的なメッセージもある。カリキュラムの場合，それが「教育知識」（educational knowledge）である点が特徴的である。教育知識は教育用に加工された知識のことであり，カリキュラムを構成する最小単位といってよい。教育過程はこの教育知識をどう組み立てるかをめぐって展開しており，それは他者との対話のみならず「自己内対話」の世界にまで及んでいる。

　社会的構成主義はこのようなミクロな現実を詳細に明らかにしようとする。細部にこそカリキュラムの本質が宿っていると考えるからである。そのために「解釈的方法」（interpretive methods）を開拓した。ある社会で現実として受け容れられているリアリティは，予め設定されているわけではなく，その状況に関わっている人々が相互作用によって組

み立てたものである。社会的構成主義はそのプロセスに研究の焦点を合わせる。学校の中では教室の場面，とくに授業の場面がそれである[2]。一斉教授の授業場面であっても教授者と学習者は無言の相互作用を行っている。相互に相手の視点を探りながらパースペクティブ（視界）を交換しているからである。社会的構成主義からみれば単方向の授業というものはなく，いつでも双方向の作用・反作用が続いている。

　では教室でやり取りされる教育知識とはどんなものだろうか。それは教科書に盛り込まれた客観的な知識内容というよりも主観的に意味づけられる「知識」である。たとえば授業者にとっての教育知識は授業の中で伝達すべき知識だから，答えがわかりきったことであっても，授業で初めて接する知識であるかのように扱うかもしれない。これに対して学習者のほうは教授者のそうしたふるまいが授業を行う上での「しきたり」であることを了解しつつ，それに応答する者あるいは関与しない者の立ち位置で，それぞれ知識の自分への関連性を考えており，教育知識は主観的に改変されるがゆえに，生活世界での変革可能性を秘めている。

　主観的な教育知識観がカリキュラムと学習の微視的世界を開く研究を生み出したわけであるが，そこでは相互作用のもたらす豊かな意味世界が探られる。それまで教授者側から一方向で眺めていたカリキュラムや授業がジェスチャー等のさまざまなシンボルのやり取りの中で双方向的に活性化しその理解が深まる認知プロセスがわかってくる。と同時にそれまでフタがされていた「本音の世界」も顔を出す。たとえばそれはカリキュラムへの功利的な意味付与である。将来との関連で今を意味づけるとき，自分にとってどの教育知識が重要なのかという「打算的」な視点からカリキュラムを見ている。こうしたカリキュラムへの多様な意味付与によって独特の知識観や学習観が形成されていることも明らかにされていく。学習者の学業成績の差異にはこうした教育知識観やカリキュラム観の違いが影響している。

（2）相互作用

　学校成員のカリキュラムを介した相互作用には，教師―児童生徒間，

児童生徒間，そして教師間のそれが考えられる。カリキュラムの型はこうした構成員の間の相互作用を枠づけることが注目される。すなわち教科科目の間の境界が強いカリキュラムの場合，成員の間のヨコの関係が希薄になる。「縦割り」の教授―学習組織が作られるのでそこでの相互作用もいわばタコツボ型の閉鎖的なものになる。結果的に成員の教科科目への一体感は強化されるが，逆に水平的関係を結ぶ機会が少ないので開放的な知識観を持つことが少なくなる。これと比較して教科横断型や統合型のカリキュラムの場合，教科科目の境界が弱まるので開放的な関係の中でヨコの行き来がしやすくなる。特定の教科科目というよりも広く特定のテーマやジャンルへの一体感を抱きやすくなる。

　一般に教科別や分野別の専門分化は上級学校へ進級するほど強まるが，日本の場合，小学校の学級担任制から中学校の教科担任制へ移行することが生徒のカリキュラム上の役割を変える点で注目される。中学生になれば専門的で高度な内容を学ぶから教師との関係も専門の教科科目という窓を通して結ぶことになる。カリキュラムの変化が教授者と学習者の果たすべき役割を規定するので，その点でも進学や進級は社会化の節目となっている。中国の場合，小学校から教科担任制を敷いており，低学年でも教科担任からの要求が強く学習負担が重い。カリキュラムに関して果たすべき役割は学校構成員にとって「所与のもの」（given）であるので，相互作用によって選ぶ余地がないことが人間形成上，極めて重大である(3)。

　このように相互作用論から見るカリキュラムは，内容概念というより関係概念である。それは最初から決められていて，交渉の余地のない，有無を言わせず受容を迫る固い構築物である。入学直後に行われるオリエンテーションやガイダンスは「なぜそれを学ぶ必要があるのか」という理由については十分な説明はなく，「規則でそう決まっているから学ぶ」ものという事務的な説明が行われる。新入生や進級生は新しいカリキュラムにまず合わせる（第一次適応）ことで精一杯であるが，やがて自分たちにとって御しやすいカリキュラムの「飼いならし」（第二次適応）の段階に向かうのである。試験や課題への対処法も先輩や友人たち

から伝授されながら学びとっていく。また教科を担当する教師との「相性」によって各教科の好き嫌いや得意・不得意を持つようになる。カリキュラムへのこの適応過程は相互作用による学習経験であって，教師側から見れば「意図せざる」学習の結果である。

（3）意味付与

　何のためにこの内容を学ぶのか。特定のカリキュラムをめぐる意味づけの中で問われ続けている問題である。なぜ私たちは今この内容を勉強しなければならないのか。この問いも勉強から逃げる口実も含めて学習者の多くがつぶやいてきたかもしれない。ただこれらの問いかけはそのカリキュラム自体の正当性を疑いあるいは別のカリキュラムの可能性を問うような類のものではない。この教育知識が自分の将来の道とどう関連するのか，その不透明さに不安を覚えているからであろう。カリキュラムは将来の確かな道を保証するものではないからキャリア教育を受けたとしてもこの意味は問い続けられている。

　この種の問いに対する答えとして用意されたのが19世紀ドイツで提示された形式陶冶（とうや）論である。古典や数学といった伝統的教科を学ぶ理由は，それを学ぶことで身につけた論理的思考力，記憶力，推理力，あるいは意志力といった精神的な諸能力が他の教科の学習にも転移するからであるという説である。形式陶冶論はその後の実験的研究等によって否定されたけれども，しかし現在でも多くの子どもたちはこの論に納得する傾向がある。そして現在でもカリキュラムの「形式陶冶化」が進んでいるともいわれる[4]。いずれにせよ学校構成員がカリキュラムに付与する意味は学校の秩序と正当性の基盤を形作っている面があるから，カリキュラムを学ぶ意味をめぐって営まれる相互作用の実際に注目する必要がある。

2. 「隠れた」カリキュラム

（1）カリキュラムの顕在的側面と潜在的側面

　先述のように公式のカリキュラム（教育課程）に対して，学習者が結

果的に学んでいる内容（隠れたカリキュラム）が注目されたことは画期的なことであった。両者はカリキュラムの顕在的側面と潜在的側面を示しており，いわば表と裏の関係にある。ここでは微視的視点から潜在的側面の特徴を検討し，学習者の経験構造やアイデンティティまで規定するメカニズムを探る。「隠れた」という表現が意味する内容は多様であるがその含意は意味深長である。私たちがそれを「自明視」（taken for granted）しているから意識の中に隠れているとみなすのである。カリキュラムの顕在的側面は「意図された」側面であり，潜在的側面は「意図しなかった」側面である。カリキュラムの潜在的側面が指摘され始めた60年代末から，教えたことがそのまま学ばれているわけではないこと，そして教育意図と学習経験の間には一定のズレがあることがしだいに自覚される。

　ここで隠れたカリキュラムを定義しておけば，それは学校などの文化伝達機関で学習者がそこで過ごす過程で結果的に体得している，主として行動様式に関わる知識と技能（行動規範，態度，価値観，信念およびイデオロギーを含む）ということになる。

　では学習者が学校や学級で潜在的に学んでいる内容とは何だろうか。それは望ましいものばかりではなく，意図せざる内容も結果的に学ばれている。しかも教科の知識より以上に，隠れたカリキュラムで身につけた知恵や要領のほうが世間では「生きる力」となっている可能性が高く，その実態を解明することの必要性が認識された。もちろん，洞察に優れた実践家や研究者の中には潜在的学習の影響に気づいていたケースもある。たとえば米国の教師でもあるホールト（Holt, J.）が指摘した生徒の「正答主義」の問題点などはその一部である(5)。またある人類学者は米国の教室を観察した事例から「他者の失敗を足場に成功する」ことの持つ意味を，先住民の文化では恥ずべきこととされるが，米国の教室では日常的にこれが行われている点の問題性を指摘している(6)。

（2）「隠れた」カリキュラムの位相と構造

　隠れたカリキュラムはおよそ三つの位相でとらえられる。第一は微視

的な学級の状況，第二は中間的な学校組織の状況，そして第三が巨視的
な学校制度の状況である。このうち第一の位相が最初に注目され研究も
進んでいるので，その研究成果を検討する。

　隠れたカリキュラムに関する最初の研究成果は，米国の教育社会学者
ジャクソン（Jackson, P. W）がその著書『教室での生活』（Life in the
classrooms, 1968）の中で指摘した学級生活を通して学ばれる潜在的な
内容である。彼はシカゴ大学付属小学校での観察結果から，学級生活に
「灰色の領域」（教師も生徒もとくに語ろうとはしないが，長い時間を費
やし反復している活動）があることを指摘している。また生徒が学級と
いう生活世界を生き抜くために必要なスリー・アールズとして，規則
（rules），規制（regulations），および慣例（routines）の三つが隠れたカ
リキュラムの主成分であるという。彼は隠れたカリキュラムの内容を系
統的に示しているわけではないが，観察の結果による発見的価値を持っ
た指摘を行っているので，以下にその要点を図示する。

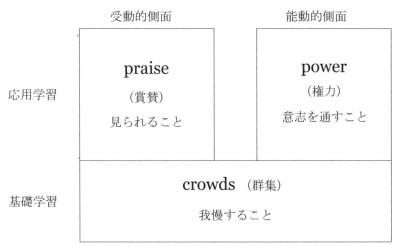

図3-1　隠れたカリキュラムの構造―ジャクソンによる説明

　すなわちまず基礎学習が第一次適応，応用学習が第二次適応に相当する。児童たちは学級生活を反復する過程で，「群集」の中の一人として落ち着いた学習態度を身につけるように求められる。教師の指示に従うこと，順番や時機を待つこと，集中して課題に専念することなどが示すように，隠れたカリキュラムの基礎学習は「我慢する」ことの習得である。

　しかし続く応用学習では，将来の社会生活に必要な要領や知恵というべき社会的技能と対人交渉能力を獲得していく。対教師だけでなく児童同士でも「より良く評価され」「失敗から自分を守る」ための社会的戦略（social strategies）を身につける。また評価権を持つ教師からの否認や制裁を避けるため，一方で彼らからの役割期待に応えているように装いながら，他方で自分たちの意思と利害を最大限に実現するべく教師と「折り合い」をつける交渉技能まで習得している。

　このように賞賛（見られること）と権力（意思を通すこと）は，隠れたカリキュラムのリアルな側面を描き出している。児童は退屈さに耐える力などの忍耐力（受け身的な学習）のみならず，能動的な学習としての教師の発する暗黙のメッセージを読み解く力，それへの対応力，自分が住み心地の良い環境に作り変える力等まで習得しているという。ジャクソンは，隠れたカリキュラムの概念を体系的に提出したわけではないが，しかしそれは発見的価値を持った研究として高く評価された。この発見は人間の場合の社会的な適応が学ばれる過程を具体的に示しており，これも（こそ）カリキュラムではないかという認識を生み出した。

（3）「隠れた」カリキュラム研究の利用

　70年代以降，隠れたカリキュラム研究が始まり，その斬新な着想が注目されたが，と同時にまた‘隠れた’という視点をどう扱うかをめぐっては研究上の立場が分かれる。批判理論の立場からは，「誰が，何のために，どのように，何を隠しているのか」との問いが提起されるこの問題意識は，特定の価値観が人々の目から隠された形で伝達されているとする現状批判の立場である。批判理論は鋭い現状批判によって社会問題

や社会矛盾への告発と覚醒を訴える[7]。

　これに対して隠れたカリキュラムを潜在的（implicit）カリキュラムとして広くとらえて，その研究成果を教育実践に応用しようと試みる立場もある。たとえば教師と生徒の間で暗黙の決まりとされている内容（不文律，おきて）の解明や，教師がよく自覚せずに発するメッセージとその受け取り方の研究などのように，教師—生徒，生徒相互の関係の実際に接近しようとする研究である。その中には教師のニックネームやユーモアの研究や社会的・文化的に作られる性差（ジェンダー）の研究等も含まれる。この他にも学校建築や教室環境を含む学校文化や教師のファッション等まで研究されている。隠れたカリキュラムの内容が広がるにつれて，カリキュラム研究や教育過程研究として独自性を発揮すべきだとの立場もある。いずれにせよ生徒が潜在的に学ぶ内容の奥は深く，隠れたカリキュラムの視点が学校での人間形成をより豊かなものにするために有用な視点を与える。

　近年，不登校の問題に示されるように，隠れたカリキュラムへの不適応の問題が生じている。それは学習環境を改善する課題とも重なっている。教師側の関心から見れば，隠れたカリキュラムは公式のカリキュラムを伝達するときの「潤滑油」として意識され，それは学級経営による授業秩序の形成に関係している。学級崩壊は隠れたカリキュラムの未修得あるいは不成立によって生じている現象とみられる。教師と児童生徒の間で暗黙の了解が作られなければ，一斉教授と集団指導は機能しない。隠れたカリキュラムへの不適応問題は日本の教師たちにとってとくに切実である。

　実際，日本の学校には特有の隠れたカリキュラムがみられる。日米の小学校の教室観察を行った恒吉僚子によれば，日本の教室では集団指導を基本とした相互作用が支配的であるという[8]。また帰国子女やニューカマーたちが経験する隠れたカリキュラムには，目に見えない決まり，集団主義の中での察し合い，同調を迫る無言の圧力，自己主張を阻害するような「空気」が満ちている。日本の教師がよく使う「みんな」という常套句や，男子・女子のカテゴリーの強さにも違和感を覚えてい

る。こうしたカテゴリー等は教師が児童生徒を「集団として動かす」の
に便利だという理由がある。

　一斉教授法をベースとしたこの学習環境は現代の子どもたちにとって
適応しづらい面がある。児童生徒の中には，隠れたカリキュラムの存在
に気づかない，気づいてもストレスを感じてそれに耐えられないなどの
傾向を示すケースも出てくる。その原因を少子化に起因する子どもの耐
性の問題ととらえるか，それとも学級制や一斉教授法が時代遅れである
ことに帰着させるか，議論は分かれるところである。隠れたカリキュラ
ムを学びの環境として考えれば，「個に応ずる」教育というカリキュラ
ムの改善のために再検討が求められる。

3.　教室のカリキュラムを観る

（1）観察法

　カリキュラムの実体を把握するのには困難が伴う。教師が教室内に
「隠れている」カリキュラムをどう可視化するかという問題は当事者で
あるだけに難しい。カリキュラムの潜在的側面を可視化するには，現象
学でいう「本質直観」や，文化人類学者による「異文化理解」等の高度
な観察法が必要である。人間の眼には見ようとするものしか見えないと
いう限界がある。何かを見つけ出そうとすれば，その構えがひとの眼差
しを歪める。これが隠れたカリキュラムを可視化するときの難題である
が，その克服には一定の訓練と経験によるしかない。研究者と実践者に
よるアクションリサーチ（実践研究）が進めば，隠れたカリキュラムに
関するより深い理解が共有されるだろう。

　観察法には参与観察法と非参与観察法がある。前者は当事者として状
況に参加しながら観察を行い，後者は傍観者として状況に関与せずに観
察をする。実践研究では前者がとられることが多いだろうが，その際，
先述の「ひとの眼の持つ偏り」を自覚する必要がある。授業研究では複
数台のビデオ録画機やICTの導入によって教室での非参与観察の精度
を向上させている。カリキュラム研究と授業研究の間では重なる領域が
多く見られる。カリキュラム研究の場合，教育過程の中でも教育知識の

構成に注目するところに違いがある。1時限単位の授業は単元計画の中では「本時のカリキュラム」であるので、その計画に従って配分された限られた時数の中で行われる一連の相互作用としてとらえる。このため教師の授業の全体面より以上に、臨機応変に行われる教育知識に関する意思－決定や学びの環境とその関係等のほうに関心が向くが、この関心がまた視線の偏りを生むことを自覚しておきたい。

　量的研究法と質的研究法に分ければ観察法は後者に分類される。しかし、調査が広く観察と呼ばれることがあるように、実証的な研究資料を得るための基本は客観的な観察法にある。観察の客観性を高めるための工夫の基本は量的分析法とも共通しているからまず社会調査法から学ぶことを勧める。筆者は以前、名門と呼ばれるある中学高校の卒業生への質問紙調査を行ったことがあるが、そのデータ分析結果をもとに卒業年次の異なる年代層の卒業生にグループ・インタビューを試みた。これは量的調査を補うための質的補足調査という位置づけであったが、実際にOBを前に観察も交えて面接を行うと、その臨場感とリアリティによって数値データの背後にいる対象者像を想い描くことができた。この調査は卒業生から見たカリキュラム評価を尋ねたもので、思い出に残った授業の様子が具体的に述べられた自由記述の内容はその場限りの観察だけではわからないカリキュラムの奥深さを教えてくれる[9]。

（2）面接法

　面接（インタビュー）法は日本では質問紙法と併用で実施される場合、すなわち構造化あるいは半構造化面接法を使う場合が多い。そして教育過程研究で多く使われる面接法は、刺激再生法（stimulated-recall method）と呼ばれる方法で、授業のビデオ映像を振り返り観ながら授業者の実践時の認知や思考を明らかにする方法である[10]。授業者にとっては緊張を強いられる方法であるし、また児童生徒のプライバシー保護が必要なので、研究倫理審査委員会の審査を受けて、共同研究者として協力を依頼する必要がある。認可と承諾が得られたならばカリキュラム研究にとっても有益な資料が得られる。

　面接法の利点は融通と小回りがきくところである。質問紙調査で十分尋ねられなかった箇所や設問の趣旨が伝わったかどうかを確かめることができるからである。このため質問紙調査の予備調査やパイロット・スタディ（試験調査），そして補足調査として面接調査が行われる。インフォーマント（情報提供者）と良好な信頼関係（ラポール）を結ぶことができれば，電話やメールでの補足調査も可能である。また新たな研究協力者を紹介してくれることもあるので，面接法による調査研究にコミットするケースも多い。

　ただしその課題は時間を要することである。ICレコーダーや音声データ処理ソフトの進歩でその時間は短縮されてはきたけれども，それでもデータを逐語化して意味のまとまりをつけるコーディングと分析の作業等で時間をとられることは避けられない。また論文にまとめる際にどこの部分をどのように切り取って記載するかという点で判断に迷うこともある。それでも面接法を続ける理由は調査対象者の生の声を聴けることであるし，調査の途中での研究上の気づきやヒントをもらうことがあるからである。

　またカリキュラム評価に関する児童生徒の声を聴きたい場合に，グループ・インタビューを行うと意見を出し合う中で，新たな評価の側面が照らし出されて研究協力者が積極的にアイディアを提供してくれる場合もある。こうした調査自体の臨機応変さも手伝って面接法がカリキュラム研究に利用できる範囲は広いといってよい。カリキュラム研究の場合，主たる被調査者は教師である場合が多く，面接調査を行ってみて気づかされることであるが，教師の多くが「語りたがっている」という事実である。そうした教師たちの協力を得て観察とインタビューを組み合わせることで，教室のカリキュラムに内在するミクロな問題がやがてメゾやマクロな問題と連なっていることを実感するのである。

（3）実践研究

　教師と共に行う研究は実践研究と呼ばれるがその範囲とタイプは多様である。教師と研究者がパートナーシップを組んで行うのがアクション

リサーチであるから，両者の関係は対等であるといわれるけれども，実
際上は非対等的なケースが生じがちである。教師と研究者が相互にリス
ペクトする関係を維持しながら両者にとって互恵的な研究を続けていく
ことが理想的である。とくに教室のカリキュラムを観察する場合，どち
らが教師役を務めるにしてもティームティーチングを行うための準備が
必要である。また共同研究においてデータの処理は研究者が行うことに
なるが，その場合にも情報を共有しながら，双方向的にデータの解釈を
行うことが有益である。

　筆者は協力してもらった学校のカリキュラム調査データは報告会の形
で教員の研修に役立ててもらうように心がけている。そうすると教師側
から多様なデータ解釈の意見が出されて，研究者のみの場合よりも解釈
がより豊かになるので，それを「報告調査」と呼んで推奨している。

　一方で，調査「公害」といわれてアンケート調査への批判を受けるこ
とがある。学校の教育にとって何らかの役に立つような調査研究を教師
と共に行うことが求められている。そこで，若手研究者を中心にフィー
ルドワークによる質的研究の15の事例が参考になる[11]。

46

≫注

(1) 西阪仰『相互行為分析という視点』金子書房，1997。

(2) K. J. ガーゲン（1994），永田素彦・深尾誠（訳）『社会構成主義の理論と実践―関係性が現実をつくる』ナカニシヤ出版，2004。

(3) 田中統治『カリキュラムの社会学的研究』東洋館出版社，1996。

(4) 浅沼茂「カリキュラムと学習」浅沼茂・奈須正裕『カリキュラムと学習過程』放送大学教育振興会，2016，22頁。また中学生にこの種の問いかけへの答えを手記の形でまとめ分析した次の文献も興味深い。橋爪貞雄『なぜ，こんな勉強するの』黎明書房，1986。

(5) ホールト J（1964），渡部光他（訳）『教室のカルテ』新泉社，1979。

(6) 木原孝博他『学校文化の社会学』福村出版，1993。

(7) アップル. M. W（1982），浅沼茂訳『教育と権力』日本エディタースクール出版，1992。

(8) 恒吉僚子『人間形成の日米比較』中公新書，1993，また石黒広昭『子どもたちは教室で何を学ぶか』東京大学出版会，2016，も参照。

(9) 田中統治「いま，なぜリーダー教育が必要なのか」『筑波大学附属フォーラム第1巻　リーダー教育』2011，東洋館出版社。

(10) 吉崎静夫『教師の意思決定と授業研究』1991，ぎょうせい。

(11) 秋田喜代美・藤江康彦編著『これからの質的研究法』東京書籍，2019。

◉学習課題

1．カリキュラム研究の立場から行う授業研究の意義についてそのポイントをまとめてみよう。

2．「隠れた」カリキュラムの特徴を整理して説明してみよう。また「隠れた」カリキュラムの経験事例を一つ挙げてみよう。

4 | カリキュラムの中間的問題

田中　統治

≪**目標＆ポイント**≫　教育組織を中心としたカリキュラムの中間的問題を組織論や下位文化論の視点から検討し，その研究の特徴と成果を考える。
≪**キーワード**≫　教育組織，教授者集団，学習者集団

----

1. カリキュラム研究の中間的な視点

（1）カリキュラムと教育組織の関係

　教室というミクロな世界から次に学校という中間的な世界で展開するカリキュラムを考える。相互作用レベルでみられるカリキュラムが流動的であるのに対して，組織・集団レベルでみられるカリキュラムは構造的である。ここで構造的とは定型的な関係を系統的に維持し変えるシステムととらえる。効率的なカリキュラムは必ずそうしたシステムを備えており，そのシステムがカリキュラムを規定する関係がみられる。学校は典型的な教育組織として独特のシステムを構成しており，それは外部社会のサブシステムの機能を果たしている。教育組織は内部のミクロなシステムと外部のマクロなシステムとを媒介する中間システムである。

　カリキュラムと教育組織の関係は，コンピュータのハードとソフトの関係に似ている。教育課程というソフトウェアが快適に動作するために必要な環境を整えることがハードウェア（教育組織）の役割だからである。以前のコンピュータの世界ではハードに合わせてソフトを開発していた。新しいOSの登場により現在ではソフトに合わせてハードを構築する時代に入った。類似の関係がカリキュラムと教育組織の間で生じている。たとえば小中一貫教育を行うために「義務教育学校」が創設され，施設一体型の小中一貫学校が建設されている。この例は，求められ

48

るカリキュラムのタイプに合わせて，施設のみならず組織まで一体として開発する新しい動きを象徴している。カリキュラムが学校というハードウェアを変える時代が到来しており，その趨勢は学校に取って代わる新たな教育システムを創出する勢いである。

　学校はカリキュラムを展開するため学年制に示される特殊な社会構造を持っている。学年制により教師や級友との関係は単年度でいったん切断されまた再確認される。同学年の年齢分布が同質化されるので教師は同一課題を与える。この教師からの課題は同学年で構成されているという理由でこれを正当とみなし受け容れなければならない。学年というシステムが家族とは異なる関係，すなわち親子やきょうだいのタテよりも同学年のヨコの関係が強まる構造を生み出す。

　また教師とは新たなタテ関係を結ぶ。基本的に児童生徒の血縁者でない成人の手によって統制が行われ，出席番号で呼ばれることもある。誰であろうと校則や指示に従わなければ公平に罰せられる。これらは「隠れた」カリキュラムで習得する内容である。さらに教師による評価が学業を主体になされることを知り，この業績主義が上級学年・学校に進級・進学するほど強まることを実感する。このように児童生徒はカリキュラムを教育組織と一体で経験している(1)。

（2）カリキュラムの組織過程

　先にカリキュラムを「生きた姿」でとらえるためには動態的な視点が必要であるとして，カリキュラムの組織過程について触れた。組織としての学校は教育目標を達成するために組織内部の諸過程を不断に調整しながらカリキュラムを展開しており，この組織過程によってカリキュラムの実質が規定されていく。しかも組織過程は学校内部で展開しているにもかかわらず，それは学校外部のマクロな状況をミクロな状況へ媒介している点に注目しなければならない。カリキュラムの組織過程とは，中間的な問題が集約され媒介され表出する，社会的なプロセスである。

　60年代までのカリキュラム研究においてこの内部過程は「暗箱」（black box）とみなされていた。箱の中の様子は複雑で詳しくわからないので，とりあえず「暗箱」としておいて考察の対象から外し，箱の入り口（入力）と出口（出力）に注目しようというシステム論である（図4−1参照）。

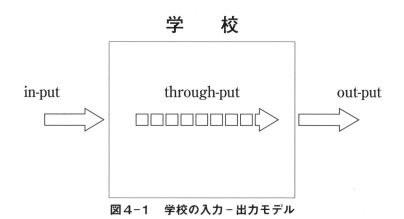

図4−1　学校の入力−出力モデル

　入力−出力系だけで考えるシステム論の限界は，入り口と出口をつなぐプロセスを不問に付していることである。つまりシステムの内部過程の解明は断念するパラダイムである。それは全体社会の維持・存続にとって不可欠な機能的要件について説明ができればそれでよしとする機能主義のパラダイムである。

　しかし学校教育に機能不全が生じ社会問題化する「学校問題」を解決するうえでは原因を解明するために学校の内部過程にメスを入れる必要性があることが自覚され始める[2]。こうして学校で入力が出力に媒介される過程に関心が集まるようになる。組織過程への関心は，特定のカリキュラムに関して教授者間の合意がどのように形成され，またどのようにその役割を遂行するのかという意思−決定過程に主として注がれた。その理由はRDDモデルによって開発された新しいカリキュラムが必ずしも所期の効果を上げなかったからであって，その原因の一つに教授者の間に当該カリキュラムへの不合意があったためである。

50

　こうしてカリキュラムの組織過程の問題はカリキュラムと教授者集団の間で生じる不適合と合意形成のメカニズムの解明に向かう。すなわち研究者等が開発した最新のカリキュラムが教育現場では必ずしも有効ではないことが認識されて，教授者集団を参加させる形でのカリキュラム開発が推奨される。いわばカリキュラムの理論と実践の乖離が自覚されて，その媒介に当たる組織過程の解明不足が痛感された形である。

　研究者が実際に学校の内部に入り込み教師集団のリアルな実態を調べるためにはそれに即した研究法が必要になる。すなわち学校のインサイダーとして内側から観察する事例研究法がそれであり，人類学の方法に触発されたエスノグラフィ（民族誌）もそうした方法の一つである。たとえば学校の非常勤講師の一人として採用され，実際に講師を務めながら職員室等で教員たちと会話する中でデータを収集するわけである。もちろん学校側に了承を得て，また教員の個人情報や会話内容の秘密保持に努めて学校名も仮名で記述される。70年代以降，英国の中等学校を中心に単一学校における事例研究の成果が刊行された。その中に学力別編成をはじめカリキュラムの組織に関する教員たちの生の声が記載されたので極めて注目された。

（3）カリキュラムと学校成員の下位文化

　カリキュラム研究に関してとくに関心をひいた点は教師の保守的な姿勢である。中等学校の教師たちの間では伝統的な学問中心の知識観が支配的であり，ノンアカデミックなカリキュラムへの忌避感が極めて根強い。このため生徒の実態や将来の進路に配慮して開発されたカリキュラムの多くは，教師たちによって「換骨脱胎」（本来の趣旨とは別のカリキュラムに戻される様子を形容する）されて従来通りのカリキュラムに改変されていくことが明らかにされる。そしてカリキュラムのこのような組織過程には，教師文化すなわち「職業的な下位文化」（teacher's subculture）が深く関係していることが指摘される。とくに中等学校教員の間で広くみられる「学問中心」の教科観や指導観が問題とされる。

　また生徒たちの間でも生徒文化と呼ばれるサブカルチャーが形成され

ていて，これがカリキュラムの実際に影響していることが示される。と
くにノンアカデミックと称される「遊びの文化」（fun subculture）や
「非行文化」（delinquent subculture）が浸透している学校ではカリキュ
ラムの実質が成立していない状況が生じている。米国のハイスクールが
スプトニク・ショック（1957）によってカリキュラムの「現代化」を図
ろうと試みたとき，その足かせとなったのが生徒の間で広く流行してい
た「遊びの文化」であったことはよく知られている。カリキュラムのみ
を新しくしても「変わらない」学校の実態が教師と生徒のサブカルチャ
ーの側面からわかってきた。

　カリキュラムと学校成員の下位文化は，学校内の社会過程（とくにカ
リキュラムの組織過程と適応過程）において，根深い関係をもって相互
規定的に発現している。個別学校でのケーススタディの結果が，それま
でカリキュラムと直接に関連しないと思われていた，学校成員の生活様
式や行動様式がカリキュラムの実質面を左右している事実を示した。こ
うしてカリキュラム研究では広く学校研究の成果をとり込む必要性が自
覚され始めるわけである。

2.　カリキュラムと教授組織

（1）カリキュラムと教授組織の官僚制化

　官僚制は官僚が支配する体制という意味ではなく，業務を合理的・効
率的に管理・処理する体制のことである。ここでは教授組織にみられる
「官僚制化」（bureaucratization）の特徴を考えて，次にそれが教育活動
にもたらすマイナスの機能を中心にカリキュラムの中間的問題について
具体的に検討する。まず官僚制化の動態的な特徴を示すフォーマルな構
造的特性は下記の通りである。

　①集権化（centralization）
　　決定は中央でなされそれをピラミッド型の命令系統で伝達する
　②標準化（standardization）
　　統一された特定の標準的様式に従って業務を処理する

③専門化（specialization）

　専門の業務はその訓練を受けた部署やスタッフが特化して行う

④形式化（formalization）

　業務の伝達は特定の書式に従い作成された書類によって行う

　これらの特性は現代人の組織生活の中で日常化しており，とくに日本の組織では官庁を中心に手続きの煩雑さとそれに要する時間のロスがよく指摘される。だが一度確立されたこれらの手続きは一定の合理的根拠を有するために変更が困難な場合が多く，それらが蓄積されると逆に非効率な影響が生まれがちである。カリキュラムに関しても学校内で展開している教授組織を中心に同様の傾向が生じがちである。教授活動でみられる官僚制化の例を考えれば，たとえば，①校務分掌，②指導計画，③教科別分担制，および④通知や届け等，が挙げられる。教授者集団が教育活動を効率的に展開するためには，教務に関する法規や規則に従うだけでなく，官僚制化した一連の手続きに沿って業務を遂行している。

（2）官僚制の逆機能と教師の教科別下位文化

　ヴェーバーによる官僚制の機能的特質の解明に対して，官僚制の逆機能を論じたのは米国の社会学者マートン（Merton, R. K）である[3]。彼は官僚主義や形式主義と批判される逆機能の本質を「目標の置換」ととらえた。すなわち組織にとって手段の一つにすぎない規律や規制が目標に転移しそれを守ることが最優先され，その結果，組織の目標がなおざりにされる。こうした「予期せざる」マイナスの結果は官僚制の中で繰り返し起こりうるのであって，その弊害の可能性を自覚しておくことが必要であるという。

　カリキュラムを展開する教授組織においては専門分化のもたらす弊害に注目しておきたい。官僚制化による職務の機能的分担は教員間の垂直的関係を強化するが，半面，水平的関係を弱化させる。各分掌とのヨコのコミュニケーションがとりにくくなると，しだいに意思の疎通を欠いてセクショナリズム（部門主義）や縄張り争いといった逆機能が生ずる。

教科別や学年別等によるタテ割り体制の持つ「風通しの悪さ」が感じられることがその兆候である。

　とくに教員の教科別下位文化（subject subculture）は教員養成課程の時期から保持されて教師の職業的なアイデンティティの中核を形成しているので，カリキュラムの展開にとって陰に陽に影響を及ぼしている。中等教育段階において「総合的な学習の時間」のカリキュラムが十分に展開されなかった一因にも指摘されている。教師の専門教科や担当教科別に保有されている価値観や行動様式は，カリキュラムに関する教授観の共有につながる場合もあれば，逆のケースも見られる。教科別下位文化は必ずしも一枚岩であるとは限らないところに特徴があって，それは教科科目の種別によっても微細に異なる。

　学校組織では教員の共通理解や意思統一の必要性が頻繁に強調されるが，その背景にはインフォーマルな教員文化の影響を見ることができる。カリキュラムの官僚制化はこうした教員のサブカルチャーと直接，間接に規定し合って各学校における教授組織の体制を形作っている。

3.　カリキュラムと学習組織

（1）カリキュラムの学力別編成

　次に学習組織の例として学力別編成の場合を中心に検討する。学力別編成には多様な形態がみられる。すなわち学力別学級編成（streaming），学力帯別編成（banding），および教科学力別編成（setting）等である。「帯」別はクラス別よりも大きな枠による編成方式である。ここでなぜ学力別編成に注目するかといえば，中等学校を中心にとられるこうした学力別編成によって生徒の学校への関与（involvement）の程度が異なることが指摘されてきたからである。つまり学力の低いクラスに属する生徒たちほどその学校の教育活動に対し消極的な関与しか示さない傾向がある[4]。また学力別編成の方式をとってもクラス間の移動がほとんどみられない固定化が生じやすく，とくに上位クラスへの上昇移動が起こりにくい[5]。日本の場合でも習熟度別の学習組織が所期のねらいを必ずしも十分には達成していない傾向が指摘されている[6]。

　ではなぜ学力別編成はクラス間の移動でなく固定化を生じさせやすいのか。その解明はこれからの研究課題であるが，一つの要因として考えられることが，学力別のクラス内における生徒文化の同質化である。非学業的な生徒文化が支配するクラス内部では学習に向かう雰囲気が生まれにくく，当初は学習に意欲的だった生徒層もしだいにその雰囲気に飲み込まれるのではないかという推測である。そこにはカリキュラムと生徒文化とが引き合う「磁場」が形成されていて，学力別編成が結果的に生徒文化の誘引力のほうを強化しているのかもしれない。カリキュラムをよりいっそう，効率的に展開することをねらって導入した学力別編成が逆の結果をもたらしているのであれば，これも逆機能の一つである。

（2）選択教科制カリキュラムの実際

　類似の例が選択教科制のカリキュラムの場合にもみられる。生涯学習を見越して興味・関心を持った教科科目を選択させて履修させる選択教科制は，70年代米国ハイスクールや，90年代日本の中学校，そして1994（平成6）年に創設された総合学科高校等でみられる。中学校の選択教科制は教員への負担が大きいこと等の理由から結局，「廃止」の形となった。確かに選択教科制を運用する上ではガイダンス等をはじめとして生徒への細かな指導が必要であり教員への負担は大きい。だが「生徒が作るカリキュラム」は彼らに学ぶ主体としての自覚を促すためにも一定の有効性を発揮していた面もある。とくに女子生徒の間では選択制のカリキュラムは人気が高く，実際，総合学科高校では女子生徒の入学者が増えている。

　筆者が調査したケースでは，生徒のジェンダー（社会的・文化的性差）による教科選択が行われている場合が多いというデータが得られた[7]。すなわち教員が選択教科の「メニュー」を企画するときに生徒のジェンダーによる偏りが予想される内容を無自覚に作成している場合が多く，明らかに受講生数に性別による偏りが生じている。これは教員側が外部社会や生徒の間でみられるジェンダー文化を予想しつつ，混合ではなく別修のコース・メニューを結果的に媒介しているという問題で

ある。ここにカリキュラムと生徒のジェンダー文化との間の相互規定的な関係を見出すことができる。

　このようにカリキュラムの教授−学習組織は，フォーマルな官僚制構造を通じて，またインフォーマルな下位文化に影響されて，外部社会の統制を学校成員に媒介する作用を示している。さらに外部と内部の媒介は学校を取り巻く「組織環境」によっても促されているので，次にカリキュラムと学校組織を直接に統制する組織環境の要因を考えてみる。

4.　カリキュラムの組織環境

（1）目標−手段の転倒

　組織理論は外部環境との相互作用と適応のメカニズムを多様なモデルで説明しようと試みている。教育組織の場合，公立学校にみられるように，組織への安定的なリクルート（充員）すなわち入学者の安定的な供給が行われるので，私学を除き，他の組織体とクライアント（顧客：サービスの受け手）の獲得をめぐって競合することは少ないとされてきた。ところが通学区域弾力化によって2000年代に入ってから公立学校の場合にも「学校選択制」をとる地域が増えてきた。自由化論と呼ばれる「新自由主義」の考えが従来の学校の組織環境を大きく変えたのである。これによって各学校は教育の核をなすカリキュラムに特色を打ち出すことで「子どもと保護者に選択される」学校を目指すようになった。

　児童生徒の学力向上の課題は，各学校の外部評価において2007（平成19）年から悉皆調査法で始まった全国学力・学習状況調査の結果を問われることから，学校にとって一定のストレスを加えている。アウト・プットとしての学力調査結果が重視されるわけで，これを「結果重視」型の教育政策と呼ぶ。これに校外の教育産業が関与してくればカリキュラムをめぐる組織環境がさらにいっそう過熱してくる。テストの得点を上げることのみを目的化した指導法がとられると，カリキュラムに歪みが生ずるからである。現に全国学力・学習状況調査が始まってから受検科目を中心に過去問等による事前学習が広まっており，たとえ平均得点が前年度よりも上昇したとしてもその結果が学力向上の実態を反映してい

るとは言いがたい現実があるともいう。

　一般に教育目標には高遠な理念を掲げたものが多く，逆から見れば曖昧で拡散的な目標が多数を占める。そして教育目標の持つこの多義性のゆえに組織としての存続をめざす組織目標のほうを優先するきらいがある。その結果，学校教育の目標と手段が転倒する逆機能が生じる。すなわち現実の学校は「世間の評判」という形でその有効性を問われ続けているが，そのとき多くの学校が教育活動の中でもその効果が客観的に測定できる目標を選んでもっぱらその活動に努力を集中するようになる。たとえば入学試験や資格試験等の合格率，就職率，対外試合・コンクールの順位，中には生徒の皆勤出席率や体力の向上率等にエネルギーを注ぎ込む学校まで現れる。これにより学校教育において客観的な測定が困難で，目に見えない（invisible）目標の達成が置き去りにされる。

（2）カリキュラムの動作環境と教育的ニーズ

　知識基盤社会といわれる時代の要請にもかかわらず，日本の学校の中には，従来型のカリキュラムのスタイルが更新されず，旧い状態のままで窮屈な動作環境に置かれるケースが少なくない。なぜカリキュラムのスタイルが更新されないのか。その原因の一つに，カリキュラムをペーパーワーク，つまり教育委員会提出用の文書と書類作成の仕事だとみなす思い込みがある。教務の仕事といえば年間指導計画や時間割を作成するなどのペーパーワークが多い。このため教育課程の実質面にまで目を向ける機会が少なくなる。文書や書類上で学習指導要領通りの授業が行われているようにすれば，それでよしとするような傾向まで表れている。こうした文書中心の形骸化した教育課程経営を評して，「紙キュラム」と呼ばれる。紙の上の計画通りに事は進んでいかない，それが現実である。その現実に目をつぶる問題点，これは先述の官僚制化による逆機能であり，文書主義が組織にもたらす弊害である。

　教育課程経営にどのような問題があったかといえば，そこでは各学校がカリキュラムを独自に開発し改善することが想定されていなかった。教育行政の枠組が優先され，次の三つの限界を抱えてきた。第一に，カ

リキュラムを外部環境との関係においてダイナミックにとらえる視点が乏しくなることである。「学校の創意工夫」や「特色ある教育課程」といった発想が希薄化してきた原因も，学校が外部環境よりも行政環境のほうに敏感だったからである。このアンバランスを是正するため，カリキュラムを外部環境からの教育的ニーズ（教育要求）と関連づけて改善することが必要である。「学校を開く」とは詰まるところ，カリキュラムを外部社会に向けて開くことである。

　第二に，児童生徒が実際に学んでいる内容について，教師がとかく鈍感になりがちなことである。トップ・ダウンによる上意下達型の教育課程経営は，ボトム・アップによる「下意上達」の流れを弱める。これが教育課程の形式化と空洞化を招き，ひいては保護者の間で学習塾などの学校外の学習機関に依存する傾向を生む。各学校が教育要求に即するためカリキュラムの結果を不断に点検・評価し，その結果を目標修正にフィードバックしながら，自己改善を図るシステムを立ち上げることが必要になる。

　第三は，教員の間で教育課程編成への無力感が広がることである。教員たちの関心は担当する学年と教科の教育課程に狭く向きがちで，学校の教育課程全体に向けることが少なくなる。こうした全体的視野の喪失が，教員の研修活動を沈滞させる一因ともなって教育課程を改善するうえで必要な専門性を低下させ，さらにパッケージ化されたカリキュラムが教師の脱技能化（de-skilling）を進めるという[8]。官僚制化した組織に広がるセクショナリズム（部門主義）を打破するうえで，カリキュラムと教師教育を一体として改善する組織の戦略が求められる。

　これらの限界は，教育課程経営として固定観念化されてきた従来の枠組を，カリキュラム・マネジメント（curriculum management）という組織戦略に転換することによって，克服される必要がある。カリキュラム・マネジメントでは，カリキュラム評価を学校づくりの中心に置き，学校の組織と文化まで変えることを目指す。このカリキュラム・マネジメントについては第7章で詳しく検討する。いずれにせよカリキュラムづくりが学校改革をリードする時代が到来していることは確かである。

5. カリキュラム開発の研究法

　日本では70年代から，それまでの教育課程編成やカリキュラム構成といった呼称に替えてカリキュラム開発という用語が使われはじめている。カリキュラム開発は，変動する社会の要求に対応してコース・オブ・スタディを改訂する試みであるが，そのときに各学校が教師を積極的に参加させて授業内容を改善しようと図るところに特徴がある。詳しくは「第8章　カリキュラムの研究開発」のところで具体的に論じるが，ここまで検討したカリキュラムとその組織という観点からここでは研究法を中心に触れておくことにする。

　カリキュラム開発の考えは，①経験概念をもとに広義の機能的なカリキュラム観をとって，②各学校そして授業を基礎に教師の再教育と専門的な意思決定を重視しながら，③カリキュラムの評価とフィードバックによる循環の蓄積，を強調する。つまりゼロの状態から始まるカリキュラム開発は少ないから，それは教師が現行のカリキュラムの中のどこに問題があるかをチェックし，これをステップ・バイ・ステップで手直しする試行錯誤の積み重ねによって達成される。したがってカリキュラム開発の研究は，このカリキュラム評価の前段に当たるカリキュラム調査から始まる。

　カリキュラムの調査法として定式化された方法論はとくにないが，まず教育過程を中心に学習者との適合性を調べる調査が必要である。それは学力調査よりも授業調査の形で取り組むほうがカリキュラムの実態をよく把握できる。授業調査は単元末において授業の理解度等について5項目程度の共通項目と単元内容に即したオーダーメイドの項目2項目，そして授業への要望に関する自由記述の欄を設けた簡易な質問紙調査でよい。児童生徒の集団面接（グループ・インタビュー）を行うとさらに詳細なデータが得られる。これに単元末テストの結果を照合して，さらに前年度の結果を比較すれば，その単元のカリキュラム評価を行うことができる。つまり授業評価を単元評価につなぐわけである。そうすれば教員個々人の授業力評価というよりもカリキュラム上の共通課題が浮き

彫りにされる。

　次にこれらの各単元評価のデータをもとに年間指導計画の評価を行う。単元は学年別・教科別の指導計画に細分化されているので，経年比較で見たときにとくに問題傾向を示す単元を中心にその改善策を練る。たとえば教材の見直し，時間配分の修正，補習や少人数指導の実施など具体的な方策について，改善が見込めるその根拠をデータで検討し，できればその過程も音声データ化して次年度に確認すれば仮説―検証ができる。カリキュラム評価では定点観測による経年比較が不可欠であるので，学校評価の客観的資料としても活用することができる。

　そして最終段階ではカリキュラム評価のデータを記録し蓄積し保管する作業が重要である。この煩雑な作業を誰が行うのかという役割分担の決定が継続してなされないと，教員の異動によって資料が散逸してしまう。また次の学年担当に申し送られないことが起こる。こうした調査研究やデータの収集・分析が不得手な教員が多いので，調査研究の経験者やデータ処理に関心のある専門家を育てることが課題である。たとえば学校評価と教員研修を担当している役職者と各学年の分掌担当者が連携をとることが必要である。一例を挙げれば，千葉県館山市立北条小学校の「カリキュラム管理室」がカリキュラム評価の常態化を長年にわたって成し遂げているので HP で閲覧願いたい。

≫注
(1) 田中統治「学校教育を考える視点」田中統治他『学校教育論』放送大学教育振興会，2008，14頁。
(2) 田中統治「学校教育の過程」同上書，37頁。
(3) マートン，R. K.（1949），森東吾他（訳）『社会理論と社会構造』みすず書房，1961。
(4) King, R.（1973）School Organisation and Pupil Involvement, RKP
(5) Rosenbaum, J. E.（1976）Making Inequality, John Wiley
(6) 梅原利夫他『シリーズ　未来の学力と日本の教育　2　習熟度別授業で学力は育つか』2005，明石書店。
(7) 田中統治「中学校選択教科制が生徒のカリキュラムへの適応行動に及ぼす統制作用」『子ども社会研究』（日本子ども社会学会）第3号　pp. 44～56，1997。
岡部善平『高校生の選択制カリキュラムへの適応過程』風間書房，2005。
(8) Apple, M. W.（1979），門倉正美他訳『学校幻想とカリキュラム』日本エディタースクール出版部，1986。

◉**学習課題**

1．カリキュラムの中間的問題の中で最も関心をもった領域について
　なぜ関心をもったのかその理由を具体的にまとめてみよう。

2．カリキュラムの組織過程の特徴を整理して説明してみよう。また官
　僚制化の逆機能の事例を一つ挙げてみよう。

5 | カリキュラムの巨視的問題

| 田中　統治

≪**目標＆ポイント**≫　社会変動とカリキュラムをめぐる巨視的問題を歴史研究やシステム論の視点から検討し，その研究の特徴と成果を考える。
≪**キーワード**≫　社会変動，教育システム，教育内容文化

1.　カリキュラム研究の巨視的な視点

（1）カリキュラムと社会変動の関係

　教育内容の歴史研究は，カリキュラムが社会的な構成物であることを明らかにしてきたが，その作られ方はミクロな状況とは様相が異なっている。第1章の図1-1で示したように，カリキュラムをめぐる巨視的問題は主に教育機関の外部で展開しており，これを「利害集団による政治過程」と名づけた。すなわちカリキュラムには信念体系としてのイデオロギーをはじめとして多様な利害関心が向けられている。そして現代のカリキュラムには多様な利害関係が調整された産物として生み出されている面がある。ここでの政治（politics）とは多様な利害を調整する営みであり，広く国際・国内レベルの政治を含むけれども，その関心の中心を約言すれば「カリキュラムの公正で民主主義的な決定過程」の実現にあると言ってよい。

　では教育内容の決定過程が民主主義に基づく国会審議等を経てなされていなかった過去の場合はどうであったろうか。人類史から見れば近現代のスパンは短期にすぎず，遠く原始的な部族社会から古代，中古，中世，近世，近代，そして現代に連なる一連の変遷を本章のみで扱うことは困難である。だがたとえば部族社会での成人式（入社式）にみられる「通過儀礼」は，発達・成熟の区分をその社会が成員に課していたこ

62

と，つまり‘一人前’の成人になっていくために習得すべき教育内容の道筋を儀礼の形で社会が提示していたことがわかる。変動の激しい現代社会では成人として自立する道筋が不透明になって発達・成熟の節目を確認しづらくなっており，唯一の目安を学校教育が進学・進級システムによって表している(1)。

　カリキュラムと社会変動の関係は，一定の文化的遅滞を伴って前者が後者を追いかける関係としてとらえられてきた。実際，社会の最先端の科学技術や学問・文化の成果が教育内容としてとり入れられるには時間を要する。ある知識や技能が教育的価値を有する（教えるに値する）と認められるまでには一定の手続きが必要である。それをここでは「教育内容文化」と呼ぶことにする。「内容」とつけた理由は，特定の時代の教育内容文化を主導するのがその社会を支配する階級だからである。日本の教育内容文化は，公家→武家→町家→国家という支配勢力の盛衰と共に，詩歌管弦→文武弓馬→手習い奉公→国民基礎教養とその主要な内容を変化させてきた(2)。

　西欧では教会勢力による教育内容文化の支配が長く続いた。ギリシャ・ローマ時代に起源を持ち中世に整えられた「七自由科」はエリートである自由人が修めるべき教養とされ，それは文法，修辞学，弁証法の三学と，算術，幾何，天文，音楽の四科から構成されていた。これが神学校の教育内容文化にとり入れられ，エリートのための人文主義の伝統を形作った。これらの教育内容文化は一般庶民のためのものではなかった。庶民の間で読み書きの能力が獲得され始めるのは印刷術の発明により聖書が普及してからのことである。やがて公教育が教会勢力から解放される「教育の世俗化」が進み，自然科学の成果が教育内容にとり込まれると，実学主義の思想が生まれる。18世紀から人文主義と実学主義の主導権争いが続くけれども，19世紀以降は社会科学や職業教育の内容が加わって国民育成のための教育内容文化が整備される。西欧では宗教教育が道徳教育と一体化して教育内容文化の主柱をなしてきた(3)。

　カリキュラムを社会変動の視点からとらえるうえで「社会史」の方法は示唆的である。なぜなら社会史ではカリキュラムについて当時を生き

た人々の姿を織り込み「生きた姿」を記述しているからである。たとえば試験という制度が教育課程の整備や受験生の行動にいかなる影響を及ぼしたかを探ることは教育内容文化の動態を知るうえで貴重であって，実際，教育社会学者による業績の中に注目すべきものがある[4]。

（2）カリキュラムの変化と世代差

　戦後日本の学習指導要領は約10年周期で改訂されてきた。この改訂方式によって私たちが児童生徒として学んだカリキュラムは10年単位の世代差を生み出した。「ゆとり世代」という呼称がこれを象徴している。学習指導要領の移行期を含むとはいえカリキュラムの改訂は日本人の学習経験の世代差に深く根を張っている。ここで「経験された」カリキュラムの巨視的問題に注目すれば，筆者の世代は系統学習（1958〈昭和33〉年）から現代化（1968〈昭和43〉年）の「詰め込み」教育と評される学習指導要領で学んだ。たとえば高校入試は9教科で受検したが翌年からは5教科に科目数が減らされた。それが学習負担の軽減措置であったのかどうかは不明であるが，当時勉強する内容が多かったことは強く記憶に残っている。カリキュラムのこうした記憶はその世代の人間形成において共通体験として深く刻まれている。

　実際，ほぼ10年間隔の三世代が受講する教員免許更新講習の場で，世代間で経験したカリキュラムの思い出を集団討議すると，とくに教科外活動を含む経験内容が異なることに気づかされる。教員の立場で記憶に新しい学習指導要領はどれかと尋ねると，1998（平成10）年改訂版の「ゆとり教育」であると答える教員が多い。その理由には新学力観，関心・意欲・態度，そして総合的な学習の時間といった新しい課題に取り組むことへの戸惑いがあったようである。しかも90年代末に起こった学力低下論と2001（平成13）年初頭の文部科学大臣による「学びのすすめ」が路線転換にみえる不安を与えたという。

　表5-1と表5-2によって当時の年表を見れば，90年代に始動し今日まで続いている教育改革が"教育の構造改革"といわれる理由が推察される。それは，学力観の転換や教育内容の見直しと共に，教育活動とそ

の成果を誰がどのように適切に管理していくのかという教育の統治（ガバナンス）のあり方を見直すために，教育システム，教育行政の運用手法も同時に大きく改革しようとしているからであり，また高大接続の改革のように初等，中等，高等教育の各学校段階の一体的な改革だからであるという[5]。

表5−1　1992〜2001年　年表

・1992.9	学校週五日制導入（第2土曜），月2回（95），完全（2002）
・1994	いじめ自殺多発
・1995	阪神淡路大震災・オウム事件
・1996.7 ～1998.7	「21世紀を展望した教育の在り方について」 中教審答申：「生きる力」の育成と「ゆとり」の確保
・1998〜99	学習指導要領改訂（基礎・基本の絞り込み）
・1999〜2004	学力「低下」論争
・2001.12	PISA結果の公表

表5−2　2002〜2020年　年表

・2002.1	確かな学力の向上のための2002アピール「学びのすすめ」
・2004.12	PISA2003結果公表（向上せず，日本版PISAショック）
・2007〜	全国学力・学習状況調査（毎年）
・2007.6	学校教育法改正（「学力の三要素」，学校評価等）
・2007.12	PISA2006結果公表（向上せず）
・2008.1 ～2008.9	中教審答申（「生きる力」という理念の共有） 学習指導要領の改訂（スローガンは特になし）
・2010.12	PISA2009結果公表（向上）
・2012.12 ～2014.3	「育成すべき資質・能力を踏まえた教育目標・内容と評価の在り方に関する検討会」審議・論点整理
・2013.12	PISA2012結果公表（向上）
・2016.3	高大接続システム改革会議「最終報告」
・2016.12 〃	PISA2015結果公表（維持） 中教審答申（資質・能力の育成，主体的対話的で深い学び）
・2019.12	PISA2018結果公表（維持・一部低下）
・2020〜	大学入学共通テストの実施

　90年代から継続中の教育改革は「新自由主義」という思想のみでは括れない複合性を持っている。それが少子高齢社会とAIの急激な進展に対応するためのカリキュラムの"構造改革"であれば，このカリキュラムで学び育ってきた世代は「ゆとり世代」ではなく「少子化世代」と呼ぶべき特徴を示している。なぜなら90年代の早くから少子化高齢化は予想されており，この機を逃さないように学歴社会から生涯学習社会への転換に向けて取り組まれた一連の教育改革が「ゆとり教育」だったからである。90年代以降の30年間に起こった社会と教育の変化は日本人の世代差をカリキュラムの巨視的な問題として浮き彫りにするだろう。すでに財政負債や二酸化炭素排出規制の問題では世代間の利害対立が顕在化している。90年代からの小選挙区制導入と政治主導への転換が残した負の遺産とその世代継承の問題もカリキュラムの政治に深く関係している。

2.　教育システムとカリキュラム

（1）システム論

　1950〜60年代にかけてカリキュラムの問題は経済の高度成長を背景にして楽観的に語られていた。楽観的というのは機能主義のパラダイムに基づくシステム論の枠組みによる説明だったからである。とくに構造－機能主義で著名なパーソンズ（Parsons, T）による「社会体系としての学級」（1959）は，学校が業績原理（achievement）に基づいて地位を獲得するところで，業績は知的・技術的成分と道徳的成分に分けられ，小学校段階ではこの二つが未分化のまま評価される。後に大学進学者と非進学者が二分される高校段階では，業績原理が学級内での地位分化を一段と促し，地位を分化させるシステムがカリキュラムであるという[6]。

　業績を軸とする分化は学級で与えられる報酬と特権に大きな差異を生じさせるから生徒たちを絶え間ない緊張状態に駆り立てることになる。家族に替わってこの緊張を和らげる役割を担うのが仲間集団である。第4章で述べた生徒文化が機能するわけだが，仲間集団もまた業績達成の程度に応じて分化していく。学校ではカリキュラムによって「何ができるか」「何ができるようになったか」という業績本位の評価がなされ

る。しかも業績評価の基準が学校の構成員のみならず，広く一般の人々の間でも受容され，学校では「公正な」選抜が行われているという信念の体系が作られる。システム論によれば，学校やカリキュラムは，業績によって分化していく地位体系への支持を得るべく，社会統合の機能まで果たしていることになる。

　カリキュラムは人材配分の基準について社会的合意を作り出すことにより間接的に社会秩序の維持に寄与する社会装置として規定される。パーソンズの理論に基づき'学校で何が学ばれるのか'という問題を検討したドリーベン（Dreeben, R）も，学校を社会化の代行機関（agency）と特徴づけ，そこでは生徒に対して「自立性」「業績本位性」「普遍主義」，および「限定性」（specificity）等の社会規範を内面化させているという[7]。構造−機能主義に示されるシステム論は，全体社会の維持・存続という観点からカリキュラムが果たす社会的統制の機能を強調する。この立場が社会の均衡状態はいかに効率よく維持されるのかという限られた視点からのみカリキュラムを扱っていることは否めない。巨視的視点から見ても社会変動や諸集団の利害対立と関連づけてカリキュラムの動態的な特質を探ろうとする視点が弱いこと，また微視的視点からは学校内部の教育過程を不問に付しているとして「暗箱」モデルと批判される。

（2）再生産論

　再生産論（reproduction theory）はカリキュラムによって社会の不平等な構造が同型的に作られ続けていることを問題とする。機能主義の見立てでは，学校は普遍主義と業績主義の世界であって本人の能力以外の要因では基本的に区別されない社会のはずである。ところが実際にはそうではない。その原因は文化的に偏ったカリキュラムによって能力の内容を判定しているからである。カリキュラムが，児童生徒の人種，民族，性別，および出身階層等の属性によって差別される社会の構造を再生産している。人々にそうした現実を知らしめ学校に抱いている幻想を問い直すこと，そしてより平等で公正な社会を実現するために既存のカ

リキュラムに内在する権力関係を組み替えることが，再生産論のねらいである。その意味で再生産論は機能主義を裏返した立場であって，広く批判理論（critical theory）の中に位置づけられることもある。しかし再生産論の立場は論者により多様でありカリキュラムの論点を整理するだけで紙幅が尽きる[8]。そこで主な再生産論者が巨視的状況と微視的状況をつなぐために提起しているキー概念を中心に検討する。

①教育知識の形態

英国の教育社会学者バーンスティン（Bernstein, B）は，全体社会の権力関係と統制原理が，類別（classification）と枠づけ（framing）という二つのコードから規定された教育知識の形態によって，学校成員のアイデンティティに媒介されると考える。ここでコードとは構造主義から引用されたバーンスティン独自の枠組みであり，彼は文化の伝達に関わる言語と知識のコードに注目する。類別は教育知識間の境界を維持し再生産するコードで，その縛りが強いとき知識は教科科目ごとに細分化した集合型を示し，逆に弱いとき統合型を示す。枠づけは知識の授受関係を規制するコードであり，これが強いと教師と生徒が選択しうる知識の範囲は狭く，しかも授業の進度を統制する自由度も限定される。枠づけが弱いときには知識の選択範囲と進度統制の自由度が広がる。バーンスティンは英国のカリキュラムが集合型から統合型へ移行しつつあると予測し，その原因として，平等主義と個人主義を信奉する新中産階層が台頭し，彼らが統合型の知識形態と社会化の方式を求めるからであるとみなす[9]。バーンスティンは構造主義の視点から，知識コードの組み合わせが権力関係と統制原理をカリキュラムに媒介するので，全体社会の階級構造が文化的に再生産されると考えている。

②文化資本

フランスの社会学者，ブルデュー（Bourdeau, P）が提起した「文化資本」（cultural capital）の概念は，社会生活を送るうえで一種の資本として機能する文化的な諸要素を指す。それは経済資本のように蓄えられ，やがて学歴として制度化される。具体的には書物やマスメディアの情報を通して獲得された教養やセンス，芸術やスポーツから身についた

感性，習性，技能，および社交性といった形に表れない蓄積物のことである。カリキュラムが特定の文化資本を正当化することにより社会を文化的に再生産するという(10)。ブルデューはカリキュラムが支配階級の「文化的恣意性」によって決められるにもかかわらず，それがあたかも公正であるかのように人々が自明視するのはなぜか，その隠されたメカニズムを究明しようとした。すなわち教育とは物理的な力ではなく「象徴的暴力」によって正当な文化が何であるのかという意味を生徒に課していく教え込みの過程である。教育システムは特定の階級の知的様式である文化資本を偏った形で配分する構造を有している。そしてカリキュラムがこの構造を再生産することによって文化的再生産の中心的役割を果たしているとする。文化資本論は文化それ自体が持つこのような政治的な意味形成作用に注目させる。

（3）批判理論

　教育の批判理論の系譜は多様であるが，その主流の一つが米国の教育社会学者，アップル（Apple, M. W）らによる「イデオロギーとカリキュラム」の入り組んだ関係解明の流れである(11)。社会学用語でいうイデオロギーは人間の社会意識や信念体系等を含めて広義に使われるが，マルクス主義の場合それを虚偽意識や非現実的な理論等の狭義に用いる。アップルは，急進的な経済学者のボウルズとギンティス（Bowles, S. & Gintis, H.）の「対応原理」が経済関係による単純な説明に終始している点を批判し，学校が外部社会との間で保っている「相対的自律性」（relative autonomy）に注目するならば，カリキュラムこそ文化的覇権（hegemony）に対抗してイデオロギー闘争を展開するための要衝であるという(12)。

　イデオロギーの概念はカリキュラムに埋め込まれた信念体系をその内側から批判的に摘出しこれを全体社会の支配関係に結びつけて説明するので，再生産論にとっては主要な概念となる。それはバーンスティンやブルデューの提起した理論的仮説を学校内部で具体的に確認しやすいからであり，この点でイデオロギーの視点は再生産論に共通した枠組みを

カバーする概念である。アップルはこの立場から教師たちに対し，彼ら
が教育活動を展開する際に状況依存的に構成しているパースペクティヴ
（視界）とコミットメント（関与）の内容を内省するよう呼びかける。つ
まり再生産の悪循環を断つ糸口がこうした内省・啓発活動によって相互
連帯のネットワークを創出することから開かれると主張するのである。

　しかしイデオロギー批判は当の批判者が拠り所とする立場と前提を逆
に問い返すことに注意しなければならない。ブーメランのようなこの
「両刃の剣」の性質は運動論に特有のジレンマであって，社会科学研究
者の守るべき価値自由の原理とも抵触する問題である。このような政治
的な主張がカリキュラムと再生産の研究をどうブレークスルーするのだ
ろうか。その可能性はカリキュラムがはらむ矛盾をただ暴露するのでな
く，学校内部で生じる「多元的現実」に肉薄しそれを関連づけるような
カリキュラムに変えることではなかろうか。マイノリティのためのイデ
オロギー批判や対抗の視点は，学校成員にとっても多様な意味を産出す
るので公正で共生をめざす教育実践や教育政策の展開に必要な「再概念
化」の機会を与えるからである。カリキュラムの巨視的・中間的・微視
的問題について，それらを相互排他や二項対立的に単純化するのではな
く，広がりと奥行きをもって深化させる視点が必要である。

3.　カリキュラムへの利害関心と政治過程

　次に特定の教育知識を支持し正当化することに関与している利害集団
（interest group）の動きに注目する。というのもカリキュラムはその時
代の文化を支配する手段であると共に，教育界や教育産業においては特
殊な利害関係を生じさせる政治の場だからである。カリキュラムをめぐ
る政治的な駆け引きは，たとえば教科科目の統合や分化が行われるとき
顕在化する。新しい教科を創設する背後には，人的・物的資源の配分，
市場価値，および社会的威信等をめぐって教科団体や学会の隠れた利害
関心が渦巻いており，これが合科と分科という局面において各教科の教
育的価値を競合させる政治を展開する。

　60年代末から英国の教育社会学者たちが問題としたのは，伝統的カリ

キュラムを維持してきた教育的価値の「虚構性」である。彼らはそれを教育知識にまとわるイデオロギーであるとみなした。このイデオロギーは学習者に教えるに値する知識内容かどうかを根拠づける価値体系であるが，それまで教育的価値に関する主張の持つ政治性（とくに既得権益）は不問に付されていた。だがこの種のイデオロギーは教育知識の妥当性とその配分方式を正当化し，その結果，既存の知的な序列構造を再生産するものである。そう考えた彼らは，カリキュラムが決定される過程が教育内容文化の既得権と参入権をめぐる「せめぎ合い」であってそれはロビー活動を含む「政治過程」そのものだと指摘する[13]。

　日本の場合，文部科学省の中央教育審議会を中心とする各種の委員会がカリキュラムの政治過程の表舞台であるが，その審議方式は2001（平成13）年の省庁再編から図5-1に示すように大きく変わった。

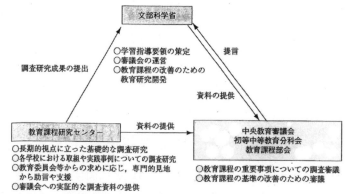

図5-1　教育課程行政における役割分担：2003（平成15）年以降

　2001（平成13）年までは文部科学大臣からの諮問と中央教育審議会からの答申という二極間の交信であったものに，国立教育政策研究所教育課程研究センターが加わって三極交信に変更された。これにより審議の過程に各種の実証的資料が提供される方式が実現した。不透明であったカリキュラムの政治過程に‘エビデンス・ベースド’の議論を反映する回路が開かれたのである。学習指導要領の改訂作業に客観的資料を用いることは世界では「常識」に属するが，日本ではカリキュラムの研究組

織が組み込まれた点が画期的である。また学習指導要領の原案を作成する専門部会の中に「教育課程企画特別部会」を設けて全体の論点整理を行う役割を果たしている。この改組もカリキュラム研究の成果と専門性を重視する方向での改革である。このような改組にもかかわらず近年，中央教育審議会と政治・官邸主導の教育再生実行会議との間での二重構造が政策の決定過程に影響を及ぼしている。カリキュラムへの利害関心と政治過程がよりいっそう，複雑化していることは否めない。

　諸外国の中にも中央教育審議会方式による政策決定を行っている国が多いが，とくに欧州を中心に企業・団体や国民各層の代表意見を汲み上げて合意形成を図るシステム（コーポラティズム：Corporatism）が注目される。たとえばフランスの場合，ネットを利用して中央教育審議会答申の要点に関して多様な利害団体に意見表明の機会を設けており，高校生の団体から代表意見を募る方式までとり入れている。日本の場合もネットでのパブリック・コメントを募る機会はあるけれども，しかしそこまで踏み込んだ代表意見を求めているわけではない。また学習指導要領に当たるナショナル・スタンダードを改訂する際には，旧版の国家規準の「カリキュラム評価」を入念な調査結果の報告書をもとに実施している点も注目に値する[14]。

　このようにカリキュラムの政治システムを国際比較で見れば，日本のシステムの持つ特徴が浮き彫りにされる。たとえば学習指導要領の改訂において国民への認知度が極めて低いというデータがある。その理由には多様な要因が関係しているだろうが，PISAの結果の順位を報ずるメディアのあり方もその一つである。カリキュラムの政治の裏舞台が報じられることは少なく，また国民の審議過程への参画，さらに教員や生徒の代表意見表明の機会についても議論されることは少ない。カリキュラムの巨視的問題はこうした民主主義と主権者教育の課題ともつながっており，何よりも生涯学習の主権者としての基礎教育と自立課題とも関係している。

≫注

(1) 田中統治「教育とは」田中統治他『心理と教育へのいざない』放送大学教育振興会，2018，11〜12頁。

(2) 海後宗臣『日本教育小史』講談社学術文庫，1978。

(3) 20世紀以降の教育内容改革については，柴田義松『教育課程』有斐閣，2000を，また米国の場合については，佐藤学『米国カリキュラム改造史研究』東京大学出版会，1990，をそれぞれ参照。

(4) 天野郁夫『試験の社会史』東京大学出版会，1983，および竹内洋『立志・苦学・出世』講談社現代新書（講談社学術文庫），1991（2015）。

(5) 小川正人『日本社会の変動と教育政策』左右社，2019，12〜13頁。

(6) パーソンズ，T.（1959）武田良三監訳「社会システムとしての学級」『社会構造とパーソナリティ』新泉社，1973，173〜201頁。

(7) Dreeben, R.（1968）On What Is Learned in School, Addison-Wesley

(8) 小内透『教育の不平等の社会理論−再生産論をこえて』東信堂，2005。

(9) バーンスティン．B（1977）萩原元昭編訳『教育伝達の社会学』明治図書，1985，および久富善之他訳『〈教育〉の社会学理論』法政大学出版局，（1996・2000）。

(10) ブルデュー，P＆パスロン，J（1970）宮島喬編訳『再生産』藤原書店，1991。

(11) アップル，M. W. 他編（2009）長尾彰夫他監修訳『批判的教育学事典』明石書店，2017参照。

(12) 初期の主張に修正を加えた論点もみられる。アップル，M. W.（1979）門倉正美他訳『学校幻想とカリキュラム』日本エディタースクール出版部，1986，浅沼茂他訳『教育と権力』日本エディタースクール出版部，（1982，1992），野崎与志子他訳『オフィシャル・ノレッジ批判』（2000，2007），大田直子訳『右派の／正しい教育』世織書房，（2006，2008），澤田稔訳『デモクラティック・スクール』上智大学出版，（2007，2013）。またネオ・マルキシズムのボウルズ他等の次の訳書も参照。ボウルズとギンティス（Bowles, S. & Gintis, H.）宇沢弘文訳『アメリカ資本主義と学校教育』岩波書店，（1976，1986）。

(13) 教育知識の政治は英国の「新しい」教育社会学派が先鞭をつけたけれども，急進的な問題提起からやがてその主張を修正する。
ヤング，M. F. D（1998）大田直子訳『過去のカリキュラム・未来のカリキュラム』東京都立大学出版会，2002。

(14) 各国の教育課程基準の決定過程は当該教育関係省庁の HP を検索されたい。国立教育政策研究所から『主要国の教育動向』（明石書店）の報告書が出版されている。また日本の教育関係学会の中には国別の学会があり，当該国の教育システ

ムを紹介あるいは文献を出版している場合もあるので学会の HP を検索された
い。例としてフランス教育学会の HP アドレスを示しておく。

　http : //educational-policy.hus.osaka-u.ac.jp/france/

◉学習課題 ──────────────────────────

1．カリキュラムの巨視的問題の中で，最も関心をもった時代につい
　て，なぜ関心をもったのかその歴史的関心をまとめてみよう。

2．カリキュラムの政治過程の特徴を整理して説明してみよう。また利
　害調整の事例を一つ挙げてみよう。

6 | 学力モデルとカリキュラム

田中　統治

≪目標＆ポイント≫　教育目標の視点から学力モデルとカリキュラムをめぐる問題を検討し，カリキュラムによる目標実現の可能性を考える。
≪キーワード≫　学力，教育目標，学力調査

---

1. 21世紀型学力とカリキュラムの目標

(1) 学力モデルの教育目標としての課題

　カリキュラムは特定の学力を育成するために開発されるが，しかしその目標とすべき学力の内容が曖昧であればカリキュラムの開発に支障が生ずる。日本で過去に開発されたカリキュラムはこの点で次のような課題を抱えてきた。これは筆者が文部科学省（文部省：当時）の研究開発学校の報告書を分析した結果からまとめたものである[1]。

　　①目標とされる学力の定義とその科学的な根拠は何か
　　②学力とカリキュラムをどう対応させて計画するか
　　③学力をカリキュラムの実践過程でどう具体化するか
　　④カリキュラムによって育成される学力をどう確認するか
　　⑤その結果をカリキュラムの改善にどうフィードバックするか

　これらの課題の多くは，第14章で扱う「カリキュラムの評価」（curriculum evaluation）と関係している。それを一言でいえばカリキュラムの性能評価である。学力はカリキュラムを学んだ結果として評価されなければ事実上意味を持たない。だから学力の構成要素とその関係を示す学力モデルについて検討するとき，その論点を上記の①と②だけでな

く, 広く①〜⑤のカリキュラム評価の課題として考える必要がある。そうしないと学力モデルとカリキュラムが分離し相互に対応しないことになりかねない。カリキュラムは学力形成の対応物だからである。21世紀型学力として提唱されている学力モデルの中には, 特定のカリキュラムと対応せず不確かな予測による「願望」の学力モデルとなっているケースがみられる。

　カリキュラムの理論と実践を結びつけるうえで前述の課題はクリアすべき重大な問題である。カリキュラム研究の前提は学力モデルとカリキュラムを一体として検討することである。このためカリキュラムの開発を想定しない, また客観的に観察することが困難な学力のあり方を理念的に論じる議論は研究上, あまり生産的とは考えない。学力のモデルはカリキュラム開発において一定の仮説であり具体的には教育目標である。教育目標の実現可能性の観点から見ると, ただ単に説明のしやすさのために図式化された学力モデルは「画餅」にすぎない。以下ではカリキュラム開発において重要な教育目標としての学力モデルが備えるべき条件を中心に考える。

（2）21世紀型学力と学力の三要素

　21世紀型学力の明確な定義があるわけではない。各国は21世紀に向けた教育改革を議論したときに, 21世紀を展望してその時代を生きる子どもたちに身につけさせたい学力を構想した。20世紀末の時点においてどの国も教育目標に掲げた理念学力が「生涯にわたって学び続ける力」である。変動の激しい社会を想定すれば国際機関の多くが提唱するように成人になってからいつでもどこでも学ぶことができる生涯学習社会を展望し, 学校のカリキュラムもそれに対応して変わるべきだという方向である。日本でも1987（昭和62）年の臨時教育審議会の最終答申において「生涯学習体系への移行」が「個性重視の原則」と共に教育改革の二本柱の一つとされ, その後に提唱される「新しい学力観」や「生きる力」も, もともとは生涯学習に向けた学力モデルである。

　そして90年代末の学力低下論から「確かな学力」,「知識の活用と考え

る力」といった学力向上の施策を経て，戦後の経験主義かそれとも系統主義かの二分法的な学力論争を克服すべく，2008（平成20）年改正の学校教育法の第30条2項（小学校：教育の目標）において，次のように規定された「学力の三要素」にまとめられた。

学校教育法第30条2項
　生涯にわたり学習する基盤が培われるよう，基礎的な知識及び技能を習得させるとともに，これらを活用して課題を解決するために必要な思考力，判断力，表現力その他の能力をはぐくみ，主体的に学習に取り組む態度を養うことに，特に意を用いなければならない。

　この条文で規定されている，①基礎的な知識及び技能，②思考力，判断力，表現力，③主体的に学習に取り組む態度を，「学力の三要素」と呼ぶ。教育法規の中で学力の内容が規定されるのは異例のことであるが，ここで注意すべきは「生涯にわたり学習する基盤が培われるよう」という大きな教育目標であり，この目標が幼稚園から大学におよぶ学校教育全体をカバーしている点である。すなわち，2020（令和2）年度から動き出す新教育課程の実施と，それに連動する大学入試改革は，小中学校と高校，大学が初めて育成すべき資質・能力や人間像を共有して，小学校から大学までの教育の接続・連携を目指す画期的な取り組みである(2)。
　しかし，カリキュラム開発の視点から見れば，こうした教育目標の設定の仕方がトップダウンに映ることは否めない。カリキュラム開発という場合には，従来の教育課程編成と異なり，第一に単元を教科書・教材から学習経験に移し，第二に教師集団が開発の主体となって，そして第三に授業をベースに教育内容の改善を図ることをめざす。カリキュラムがゼロの状態から開発されることはまれであり，通常は既存（試行済みを含む）のカリキュラムを改善する形で進められる。カリキュラム開発では評価と改善を一体として考えるので，それはカリキュラム・マネジメントとも重なる。

　日本でカリキュラム開発という用語が普及する契機は，1974（昭和49）年に旧文部省がOECDのCERI（教育革新研究センター）と共催で行った国際セミナーである。そこでは「学校に基礎をおくカリキュラム開発」（SBCD）が提唱された。21世紀に入って各国では，中央か現場かという二分法ではなく，両者をつなぐ地方単位のカリキュラム開発が重視され，SBCDが修正され再評価されている[3]。

　学力モデルもSBCDのこの新しい考え方に照らし，教師集団が主体となって授業をベースに単元を開発する際にどう役立つかという実用性の観点から再考しなければならない。その際，日本の学校でよくみられる「望む子ども像」といった抽象的な人間像の目標のみではカリキュラム評価には耐えられない。従来，学力モデルは各学校がカリキュラムを独自に開発することを前提に考案されてこなかった面がある。学力の三要素の場合も，地域の教育要求に即して相互に関連づけるために，カリキュラム・マネジメントは各学校のみならず地方教育委員会の単位でも広く行われるべきものである。

2.　生涯学習の基盤と学校でのカリキュラム開発

（1）キー・コンピテンシーとカリキュラム開発

　コンピテンシー（competency）という能力概念は，OECDが1999〜2002年に取り組んだ事業，デセコ（Definition and Selection of Competencies：DeSeCo），「コンピテンシーの定義と選択」が国際的に共通する鍵となる新しい能力として定義し，それらは図6-1に示す三つに分けられる。このうち「相互作用的に道具を用いる」に関わるコンピテンシーがPISAの調査問題に影響を及ぼしているとされる[4]。

　キー・コンピテンシーの発想では，グローバル社会についてこれを「生涯学び続ける」社会ととらえ，その基盤としての資質・能力を育成するという面が強い特徴を持つ。キー・コンピテンシーは生涯学習の基盤を育成するための学力モデルでありPISAはその習得状況を調べるための国際学力調査である。

78

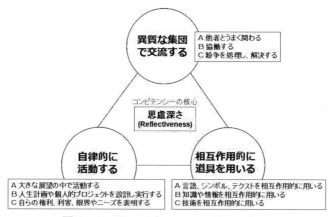

図6-1　三つのキー・コンピテンシー

　キー・コンピテンシーは各コンピテンシーを断片ではなく，一体として扱うホリスティック（全体）・モデルである。すべての人々が民主的な社会に参加しながら自律的に考え活動するための諸能力（リテラシーやスキル）と結びつけられている。このため学力モデルと呼ぶには広く，また実践するには理論的すぎるきらいがある。ここで図に沿って説明すれば，①「相互作用的に道具を用いる」とは，ひとが他者を含む環境との間で言語，テキスト（文章），情報，知識等をツールとして使う能力である。②「異質な集団で交流する」とは，多様な他者と良い関係を作り，協力し，争いを解決する能力である。そして③「自律的に活動する」とは，大きな視野で活動し自分の人生を計画しそれを実行し，権利やニーズを表明する能力である。

　コンピテンスの概念は1960年代から心理学で使われており，2000年代に入ってからビジネス界で「仕事ができる能力」や「実力」といった基底部の能力，つまり知識・技能の認知的側面だけでなく，態度や動機，自信等の非認知的側面にまでわたるものに変わってきた。学力の氷山モデルでいえば，水面下に沈んでいる「隠れた・見えない」学力と類似しており，それが人格的要素や自己概念を含む点に特徴がある。学力の三要素として区別された中でも「③主体的に学習に取り組む態度」がこれ

に当たる。キー・コンピテンシーのこのような考えは「資質・能力」論の中にも大きくとり入れられている。

　しかしこれが学校カリキュラムの目標として具体化する際にどれほど教師たちが指導の指針にできるかが懸念されるところである。生涯にわたって学び続けるための基盤としてモデル化されたキー・コンピテンシーの考え方が、カリキュラムづくりの目標として有効とは限らないからである。なぜなら生涯学習と学校教育ではカリキュラムの考え方そのものに違いがあるからである。この違いは能力と学力というモデルや目標のとらえ方に表れている[5]。

（2）学校カリキュラム開発に有用な学力モデルの条件

　学力モデルが学校カリキュラム開発において生産性を高めるために必要な条件とは何か。ここで生産性とは実践的なカリキュラム研究の質を上げるうえでという意味である。それは冒頭で挙げた五つの課題を克服することである。すなわち①「〇〇力」といった学力要素の羅列的な表現を改め、その科学的な根拠を示しながら、目標とする学力を操作的に定義することである。②学力の内容をカリキュラムと客観的に対応させるため学習者の発達と学習の準備状態（レディネス）に即して段階的に計画することである。③この計画を新しい単元開発によって施行するうえでは、実践者が学力の達成状況を観察できるようなキーワードへの変換が必要である。④複数の単元計画案のうちどれが有効であるかを確認し選択するため「目標に準拠した」（goal-based）評価と、「目標にとらわれない」（goal-free）評価の双方を活用することである。⑤カリキュラム評価の結果を教育目標の設定と教育計画の立案に恒常的に反映させるフィードバック・システムを構築することである。

　これらの条件を充たす学力モデルの最適例を示すことはできないが、たとえば「同心円」モデルや「氷山」モデルを教師に提示した場合、彼らの多くはそれを従来の教科書単元に基づいて理解しようとするだろう。まず知識・技能の習得があってそのうえに、より高度な思考力や主体的学習態度の獲得を考えるのが「自然な」理解である。教科等を横断

する汎用的なスキルの重要性を強調されても，それを実現した単元開発の経験がなければ，その必要性については一定の理解をしても，特定のカリキュラムをイメージすることは難しいと思われる。それほどに教科書の単元計画のフォームがしみ込んでいるから新しい学力モデルの導入でそれをリセットすることは困難なところがある。

　この点ではカリキュラム・マネジメントは従来のスタイルの長所を活かしつつ部分的にこれを修正・改善していくフィードバック・システムであるので，学力モデルの中でもとり入れやすい部分から効果を確かめながら導入できる。とくに教育目標の記述法に関しては事後の評価とフィードバックを常態とした仮説的な書き方に変えることが出発点である。特定の学力モデルに固定化した教育目標では実際の授業には適さない場合が多いため，不断に修正の余地を残しながら実践することが現実的だからである。そのサイクルに単元末テストと授業アンケート等の客観的データによる振り返りや，カリキュラムの展開に必要な内外の人的・時間的・物的な資源の調達措置が加わると，本格的なカリキュラム開発に結実する。そしてこのサイクルが2回転，2年間継続すれば，中心教員の異動があっても資料が蓄積され引き継がれていく。

　そしてまた目標に準拠した評価と目標にとらわれない評価の双方は，学校評価の中で「カリキュラム評価」の項目を組み込み，前者を内部評価，後者を外部評価でそれぞれ活用することである。外部評価は第三者評価と呼ばれるように実践者とは別の立場から素人のありのままの視点が貴重だからである。

　2020（令和2）年以降は各学校段階で生涯学習の基盤を培うため学力の三要素を盛り込む形で教育目標を書くことになる。その際「逆向き設計」（backward design）による目標の記述，すなわち事後の評価を前提にして目標を記述すること，カリキュラム評価に耐えられる目標の設定が求められる場面も生じてくるだろう[6]。60年代から米国を中心に行動目標アプローチ（行動変容をもって学習が成立したと考える立場：行動科学）によるカリキュラム論の流れがあって，結果重視型の単元デザインが主流をなしてきた。日本で「何ができるか・できるようになった

か」を強調する資質・能力論もその影響を受けている。カリキュラム研究の中では70年代から行動目標アプローチへの批判，とくに数値のみによる一面的な測定評価，質的文脈と背後要因の捨象等への批判がある。全国一斉学力調査の弊害が指摘される中で，平均点の順位や特定教科の偏重等のアンバランスが生じている。学力調査と各学校の実情に即したカリキュラム開発のあり方を再考する時期に差しかかっている。

3. カリキュラム開発における学力モデルの不毛性と 生産性

（1）過去の学力論争とカリキュラム研究

　学力論や学力観として主張されたものを含めれば学力モデルの種類は多数に上るが，そのうち代表例として知られているのは，1950年代末から70年代にかけて提案された廣岡亮蔵と勝田守一のモデルである。ただし勝田のものは学力ではなく能力モデルとして提案されている。

　まず廣岡のモデルは「同心円状の三層モデル」をなしており，環境と作用しあう外円から順に「要素的な知識・技能」，その内側に「関係的な理解と総合的な技術」，そして中心に「思考・操作・感受表現態度」の三層から構成される[7]。つまり教育によって形成しやすい知識・技能を外側に，次に理解・技術を配置し，中核に「態度」を据えてこれを最終的に形成される学力ととらえている。廣岡による学力の構成要素は，1991（平成3）年改訂指導要録の観点別項目とほぼ重なっており，その意味で日本の学力モデルとして広く認められているといってよい。だが学力要素の配順は指導要録と逆になっている。またそもそも態度を学力に含めるか否か，含める場合にそれをモデルの中でどう位置づけるかという問題をめぐって議論が分かれる。意欲や努力は人格評価に関わるものであるから学力に含めるべきではないとする「態度主義」論争が教育学者の間で起こった。この論争はカリキュラムの目標に態度的要素を組み込むことが妥当か否かをめぐる重要な争点である。

　これに対して勝田の能力モデルは，カリキュラムによって達成される能力について「認識の能力」を中心に構想されている。認識能力を支え

る言語能力と運動能力が相互に影響・浸透しあう形で「感応・表現の能力」、「労働の能力」、そして「社会的能力」の三つを媒介してこれら全体が体制化されて人間の能力を形作っている(8)。ここで重要な点は「認識の能力」が他の三つに対して特殊な位置に置かれていることである。学校で育てる能力としての学力は「認識の能力」のほうであって態度的要素を含むべきではないと解される。勝田は学力を能力の特殊な要素と見なし両者を区別することを強調した。

　能力と学力の区別はカリキュラム評価にとって重要な問題である。学力に関する目標はカリキュラム評価の前提として設定されるからである。学力モデルの中にカリキュラム評価が困難な能力や態度的要素が盛り込まれるとそれは名目的な目標になってしまい、結果的にカリキュラム評価が行いにくくなる。勝田のモデルは学力を「認識の能力」に限定している点では明快である。

　しかし運動能力と言語能力が「認識の能力」を支える基底的要素であるとするなら、これをどう区別して教育目標化することができるかという問題は残る。「認識の能力」を育てるうえで運動能力と言語能力を視野に入れなければカリキュラムを開発できないからである。また「認識の能力」の内容が詳細でないので学力モデルとして見れば不十分である。このため実践者である教師たちには注目されなかったことは否めない。このようにカリキュラムと能力モデルを対応させることには一定の困難が伴うことがわかる。

（2）学習科学とカリキュラム研究

　90年代になると学力論を学習論から問い直す動きが出てくる。認知心理学や認知科学の進展を背景に、学力に代えて「学び」という用語へのパラダイム転換が提唱されるようになる。こうした背景をもって登場する学習科学は、構成主義、認知科学、および教育工学等を基礎とする学際領域であり、伝統的な教授主義を批判する立場である(9)。すなわち教授者の視点ではなく、学習者の視点から見る学力は、ペーパーテストで測れるような学力ではなく、学び方、活動、そして態度までをも含む

汎用的な資質・能力の育成を目指すものとなる。生涯にわたって主体的に学ぶ力は，従来よりもはるかに高度で人格的要素を含むハイパワーな能力を求めることになった。このため教科の知識・技能に加えて，教科固有の見方・考え方や教科横断的な汎用的スキルを育てるためのカリキュラムのモデルを明確化する動きが起きる。

　しかしこうした資質・能力の重視は学校カリキュラムに対して無限の課題と責務を負わせることになりかねない(10)。そもそもカリキュラムは学校として「できること」や「なすべきこと」に集中して開発されるべきものであり，汎用的スキルのすべてをカバーするのは現実にはありえない。では学習科学が描くカリキュラムの枠組みの中では何を主柱に目標が設定されるのか。その一例が中央教育審議会教育課程部会児童生徒の学習評価に関するワーキンググループ「児童生徒の学習評価の在り方について（これまでの議論の整理（案））」（2018〈平成30〉年12月17日，以下，WG案）の中で次のように述べられている。

　すなわち「主体的に学習に取り組む態度」の評価とそれに基づく学習や指導の改善を考える際には，生涯にわたり学習する基盤を培う視点を持つことが重要である。このことに関して，心理学や教育学等の学問的な発展に伴って，自己の感情や行動を統制する能力，自らの思考の過程等を客観的にとらえる力（いわゆるメタ認知）など，学習に関する自己調整に関わるスキルなどが重視されていることにも留意する必要があるという。とくに自分自身の学習について自力で調整できる（学習の自己調整）のようなメタ認知のスキルを身につけることが強調される。

　学習科学のモデルは，学習者が自らの学習をより良い方向にモニターできるような，メタ認知スキルを育てる方向を目指しており，それは「学び方を学ぶ」スキルであるから，これまでの学校カリキュラムの中では十分に指導されてこなかった目標である。このメタ認知スキルの育成が，今後のカリキュラム開発において主目標化される場合，それは各学校でのカリキュラム研究にとってどのような生産性をもたらすことになるのだろうか。

　その一つが質的研究法によるカリキュラム評価の可能性である。従来

の学力モデルは実証性において弱点を抱えてきたが，学習科学は認知心理学ベースの量的研究法のみならずそれを補う質的研究法によっても多様な資料収集を行ってきた(11)。今後，これらの資料分析の結果からカリキュラムの多面的評価が行われると理論と実践の橋渡しが容易になるだろう。

　もう一つの可能性は学習環境のイノベーションである。多様なデータから学習科学研究が明らかにした代替モデルは，①カスタマイズされた学習，②多様な知識ソースの入手可能性，③協働的なグループ学習，および④より深い理解のためのアセスメント，であるという(12)。そしてこれらは標準的な学校教育モデルよりも学校外の場面のインフォーマル学習に存在する。こうした知見は脳科学の成果と共にカリキュラム研究に新風を吹き込む可能性が高い。

　以上述べてきたように，学力モデルはカリキュラム評価とフィードバックを前提に構成される必要がある。カリキュラムによって育成された学力をどう確認し，その結果をカリキュラムの改善にどうフィードバックするか。この課題に応えられる方法をもった学力モデルがカリキュラム開発において有益である。端的にいえば学力モデルはカリキュラム評価のための理論であり，その理論は目標とする学力の定義とその科学的根拠づけを行うと同時に，実践者が単元の効果を具体的に確かめられるようにするものである。このためその方法は第三者が反証可能な枠組みでなければならない。この点で学力モデルは社会調査での「操作的仮説」に相当するので，学力とカリキュラムの対応を要因関係として具体的に示すことが求められる。

　学力から学びへのパラダイムの移行がなされたとしても，それを仮説から実践に移すときに何らかの「尺度」を設定して信頼性と妥当性を高めていくことは必要なことである。この点で観点別による到達度評価は単元の評価尺度としてみれば改良の余地が残されている。カリキュラム評価では観点が多元的であるほうが望ましいが，それ以上に「尺度」の安定性つまり追試可能性を確保することのほうが実践上では重要なことである。先に学力について「カリキュラムによって達成されるよう設定

された教育目標の諸水準」と操作的に定義したけれども，この定義は「教育目標の評価尺度」と言い換えることができる。

≫注

⑴　田中統治「学力モデルとカリキュラム開発」論文集編集委員会『学力の総合的研究』黎明書房，2005，32〜43頁，および「研究開発文部省指定校にみるカリキュラム開発の動向と課題」，科学研究費研究成果報告書『教育課程の構成・基準の改革に関する総合的研究』，基盤研究（B）（１）　課題番号11480045-00，研究代表者　市川博，pp. 20〜34，2000。

⑵　小川正人『日本社会の変動と教育政策』左右社，2019，22〜23頁。

⑶　たとえばオーストラリアでは国（nation）の基準や各州の裁量権も重視した N-SBCD が推進されているという。佐藤博志他著『オーストラリアの教育改革』学文社，2011参照。

⑷　国立教育政策研究所編『資質・能力：理論編』東洋館出版社，2016。

⑸　立田慶裕『生涯学習の新たな動向と課題』放送大学教育振興会，2018。たとえば学力を「学ぶ力」ととらえる点に違いがみられる。

⑹　ウィギンズ, G. ／マクタイ, J. 著（2005），西岡加名恵（監訳）『理解をもたらすカリキュラム設計』日本標準，2012。

⑺　廣岡亮蔵『学力論』明治図書，1968。

⑻　勝田守一『人間形成と教育』国土社，1972，このほかでは，中内敏夫『学力とは何か』岩波新書，1983，他を参照。

⑼　R・K・ソーヤー（編）森敏昭・秋田喜代美（監訳）『学習科学ハンドブック』培風館，2009。

⑽　石井英真「学力とカリキュラム」日本カリキュラム学会編『現代カリキュラム研究の動向と展望』教育出版，2019，27頁。

⑾　秋田喜代美・藤江康彦編著『これからの質的研究法』東京書籍，2019，の中には15の研究事例が掲載されている。

⑿　OECD 教育研究革新センター（編著）2008，有本昌弘（監訳）『学びのイノベーション』明石書店，2016，79頁。

●**学習課題**

1．学力モデルの中で関心をもった事例を選び，そのモデルに基づいて開発されたカリキュラムの特徴を検討してみよう。
2．キー・コンピテンシーについて三つの要素を挙げて説明し，「学力の三要素」との対応関係を説明してみよう。
3．学習科学が提案する学習環境のイノベーションについて，従来の学力モデルとの相違点を挙げてみよう。

7 │ カリキュラム・マネジメント

田中　統治

≪**目標＆ポイント**≫　近年の教育改革で提唱されるカリキュラム・マネジメントの理論と実践を検討し，カリキュラムの改善に必要な資源や条件整備の問題を考える。
≪**キーワード**≫　カリキュラム・マネジメント，資源，条件整備

1. カリキュラム・マネジメントへの視点転換

（1）教育課程経営からカリキュラム・マネジメントへ

　民間企業が新しい製品やサービスを開発すれば，必ず顧客満足度を調べて改良すべき点を明確にする。それがマネジメントの基本である。学校のカリキュラムの場合，それが十分に行われてこなかった。その理由はカリキュラム開発が主に文部科学省の仕事だと考えられてきたからである。90年代からの官から民への流れが従来型の教育課程経営から「カリキュラム・マネジメント」（初期の定義は89ページ参照）への転換を求めてきた。そしてこの転換は教育界の構造改革として一種のパラダイム転換を目指す動きである。カリキュラム・マネジメントの持つ独自の視点を整理してみると次のような新しい視野が開かれる。

　第一に教育課程からカリキュラムへの視野の拡大である。これまで述べてきたように，教育課程が学習指導要領の基準に沿って編成される年間指導計画のことであるのに対し，カリキュラムはその教育課程のもとで児童生徒たちが学習する内容のことである。教育課程に替わってカリキュラムの概念が導入されたことは，従来の教え中心から学び中心への転換を意味する。学びへの視野の拡大が教育課程の実質を問う視点を提供してくれるからである。近年の教育政策の中で「学習改善」という用語が頻繁に使われている点にこの転換が表れており，従来の授業や指導

の改善より以上に，学習それ自体の改善のほうが強調されている[1]。

　第二は経営からマネジメントへの方法の転換である。教育課程の管理・経営という視点は基本的に教育行政の手法でありそれは官僚制の手続きである。官僚制の逆機能の箇所（第4章）で検討したように，過剰な官僚制化のもとでは形式化と硬直化による弊害が否めない。そこで教育活動の画一化からの離脱を目指すため民間手法のマネジメントを導入することで，カリキュラムの質的向上が目指されたわけで，この種の経営モデルは教育課程を実践した後のその結果に注目する。それは結果重視型の「出口の管理」への転換を意味しており，PDCAのサイクルの中でもC（check：点検）とA（action：改善）をつなぐカリキュラム評価を重視するものである。

（2）「カンとコツ」から「エビデンス・ベース」へ

　80年代までの教育課程経営論でも目標管理型の方法が研究されてきたけれども，しかしこの経営手法が学校の管理職層に普及することは少なかった。その原因の一つに学校長の間でベテランの経験によるカンとコツだけで学校経営に臨んでも一定の成果を上げられる個人技の手法が継承されていたことが関係していないかと推察される。校長がリーダーシップを発揮する必要性が唱えられたにもかかわらず，前例踏襲型の学校経営を行うことが無難な方式とされて，そのような方針のもとでは教育課程を改善するところまで踏み込む試みは少なく，授業研究や学校行事等の部分的な改良にとどまった面がみられる。

　2007（平成19）年に学校評価制度が充実され，その「ガイドライン」（2016〈平成28〉年改訂）が示されると，内部評価のみならず外部評価にも対応することになり，さらに学校評価の結果はHP等で公表するように求められるようになる。基本的には自己点検・自己評価の方式ではあるが，しかし従来の主観的で曖昧な評価ではなく，客観的な資料に基づいて経年比較によって継続的に学校評価を行う方式，つまりエビデンス・ベース（evidence-based）の方式が導入される。児童生徒の学力調査の結果とその経年比較をもとに，カリキュラムにおいてどのような工

夫を加えこれがいかなる改善につながっているか，その結果を具体的に示すことが必要となる。

　カリキュラム・マネジメントが従来の教育課程経営と異なる点は「論より証拠」を重視することである。新たなスタイルの学校経営では，対外的に説明する関係上，学校教育の改善に向けた証拠に基づく決定と実践が求められる。自主的・自律的な学校経営はカリキュラム・マネジメントという支柱によって支えられる。学校に限らずマネジメントの本質には，組織のリーダーが構成員の自己実現を促す方策について徹底して考え抜くこと，つまりメンバーの能力が最大限に発揮される場面と条件を整えるように図るという意義がある。このためカリキュラム・マネジメントのモデルと方法も決して一律ではなく，その学校が置かれた状況によって変わってくる。したがってまずその状況を把握することが先決である。

2.　カリキュラム・マネジメントの方法

（1）カリキュラム・マネジメントの定義

　カリキュラム・マネジメントの定義について，日本での先駆的提唱者である学校経営学者の中留武昭によれば，「教育課程行政の裁量拡大を前提に，各学校が教育目標の具現化のために，内容，方法とそれを支える条件整備との対応関係を確保しながら，ポジティブな学校文化を媒介として，カリキュラムを作り，動かし，これを変えていく動態的な営みである」という[2]。なお中留はカリキュラムとマネジメントの間に「・」は使用しない。

　中留のこの定義では，教育課程行政の裁量拡大（国家基準の大綱化と弾力化）が大前提であり，カリキュラム―学校文化―組織マネジメントを一体的にとらえて，内発的・自律的な改善のサイクルを生み出すための方法が強調されている。その学問的な背景には，単純な学校「効果」研究から，改善過程そのものの解明を目指す学校「改善」研究への転換がみられる。学校改善のプロセスが注目された理由には米国を中心とした学校研究の進展が関係している。単純な学校「効果」研究から改善過

程の分析を試みる学校「改善」研究へのパラダイム転換は，子どもの学力向上に及ぼす学校教育の影響力が期待されるほどに大きいものではなく，むしろ家庭の教育環境による影響が強いことがしだいに明らかになってきたためである。効果的といわれる「力のある」学校像を描くことよりはむしろ，学習活動の質的改善に成功している学校の内部過程と条件のほうを探究する必要性が自覚されたからである[3]。これらの研究背景をもってカリキュラム・マネジメントは上記のように定義されたわけである。

　日本では2007(平成19)年から始まった全国学力・学習状況調査の結果が一部公表され，これによる学校教育の質的保証と結果責任が求められている。これを成果主義と受け止める向きもあるけれども，しかしカリキュラム・マネジメントの目的は授業を含む教育課程の実質を改善することにある。教育課程の実質面を見通すためにはカリキュラムの実態をありのまま客観的に把握すること(カリキュラムの調査)が重要である。

（2）カリキュラム・マネジメントという用語の初出と発想

　新旧を問わず教育課程が求めるカリキュラム・マネジメントに大きな変化はない。あまり知られていないが，2008（平成20）年1月の中央教育審議会答申の中で「カリキュラム・マネジメント」という用語が初めて用いられた（その際に「・」の表記が使われたのでそれに従う）。学校経営にとってその意義は極めて大きい。カリキュラム・マネジメントの用語が使われた箇所は，「9．教師が子どもたちと向き合う時間の確保などの教育条件の整備等，（3）効果的・効率的な指導のための諸方策，（教育課程におけるPDCAサイクルの確立）」の部分である[4]。

　とくに「教師が子どもたちと向き合う時間の確保などの教育条件の整備等」が注目される。この時期にはまだ「教師の働き方改革」は推進されていないが，しかし教師の持つ「時間」資源の不足が教育条件整備の最初に挙げられている点が印象的である。また「教育課程におけるPDCAサイクルの確立」はすでにここで記載されている。初出箇所が意味する点に注目すれば，カリキュラム・マネジメントの具体化，とくに

改善策の根拠資料に基づく合理的な決定において不可欠のカリキュラム評価（第14章）の発想を考える必要がある。図7-1に示すように，PDCAサイクルは70年代に提唱されたSBCDモデルに類似しており，またそれは目標準拠型のカリキュラム評価を重視したタイラーの原理にもつながっている[5]。

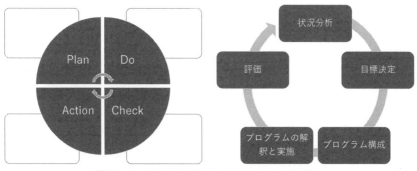

図7-1　PDCAサイクルとSBCDモデル

　ところで量的・質的な資料（データ）を活用したカリキュラムの改善を探究していくとき，特別支援教育の「ニーズ・アセスメント」（needs assessment）という手法から学ぶ点が多い。教育要求はアセスメント（観察と測定）によって把握され，その資料を根拠に指導計画が策定される。ニーズとは到達目標と現段階の間にあるギャップのことであるという。児童生徒の持つ興味関心という表層的なとらえ方ではカリキュラム・マネジメントの展開にとって不十分である。なぜなら教育要求とは本来指導者が発掘し刺激するものだからである。学習者自身が教育要求を十分に自覚しているわけではない。教育へのニーズは教師が探り当て把握するものであって，たとえ学習者から「余計なお世話」とみなされたとしても，合理性をもった指導計画に取り込むものである。

　アセスメントの発想は客観的なカリキュラム評価法と通じている。第6章で述べたように，カリキュラム評価のタイプには，「目標準拠」型と「目標自由型」の二つがある。後者は「第三者」評価とも呼ばれ，実践者とは異なる視点から目標にとらわれないよう留意しながら，学習者

のニーズの充足度やカリキュラムの資源・環境の整備具合などを多面的に評価する。評価の客観性を高めるには二つの方法を併用することが望ましく，そのため評価の根拠となる資料や情報は豊富に準備しておくほうがよい。

（3）カリキュラム・マネジメントの資源と条件の整備

　カリキュラムを実践するうえでは多様な資源（resources）が必要とされるが，その資源を調達し整備することもカリキュラム・マネジメントの課題である。なぜならカリキュラム開発がうまくいかない原因の一つに資源の不足があるからである。先述の教師の持つ時間資源もその大きな原因であるし，これと関連する教員研修の機会や専門的な支援も資源としてとらえられる。カリキュラムの展開にはそれに必要な人的・物的な資源を準備することが常識とされる。日本の学校ではこうした資源調達のことを「条件整備」と呼び，諸条件の整備を進めることが管理職者と教育行政当局の重要な仕事であるとされてきた。

　多忙を極める教員集団にとって人的な補充と支援がもっとも優先度の高い資源の要求であることは想像に難くない。だが条件整備に投じられる財源には限りがあって「選択と集中」による配分を得るには合理的根拠だけでなく費用対効果の高さを示すエビデンスまで求められる。カリキュラムに関する人的資源を要求しそれを獲得するには資料収集と書類作成，そしてその根拠説明と交渉に時間をとられることがわかる。結局，教員の加配を求める要求は実現されないことが多く，実現させるうえでかかる時間対効果を予想するから資源の要求を最初から諦めてしまうケースが多くなる。財政難の今日ではそれが常態化しがちである。その結果，現有の内部資源の活用と新たな外部資源の調達が求められることになる。

　そこで2017（平成29）年告示の小学校学習指導要領解説の総則編の中で「カリキュラム・マネジメントの充実」に関して，たとえば「…授業改善や必要な人的・物的資源の確保などの創意工夫を行い…」（7頁）や，「教育課程の実施に必要な人的又は物的な体制を確保するとともに

その改善を図っていくこと」（39頁）の重要性が強調されている。また「教員の校内研修の充実等」に言及している点にもカリキュラム・マネジメントの充実への期待感が示されている[6]。

3.　カリキュラム・マネジメントの実践と課題

（1）学校はなぜ変わりにくいのか

　学校において教員の意思統一や共通理解が難しい原因には組織的な要因が関係している。学校組織は公式と非公式の二重構造からなる。前者は，官僚制に基づく職階制と指示命令の系統を，また，後者は，情緒的な結合による下位文化の系統をそれぞれ生み出す。このうち後者のほうが成員の役割意識に大きな影響を及ぼしている点が学校の特徴である。

　教員の間で合意の形成が困難化する要因は，学級別・学年別・教科別に分離された社会構造にある。隔離された空間はセクショナリズムを生みがちであり，非公式な下位文化の温床にもなる。学校の「ゆるい」組織構造が，教員個々人の価値観や考え方の違いを幅広く許容するのである。教師文化は，教員集団が形成する特有の職業的な下位文化であるが，その特徴は他の職業文化と比較してみればわかる。「先生」と敬意をもって呼び合う半面で，権威主義や事大主義に陥る特徴がみられる。学校経営において問題化する行動様式は，教師文化の持つ閉鎖性と消極性である。新しい取り組みを行おうするとき，公式の要請に対し抵抗を示すきらいがある。学校改革は結果的に既存の枠組みや慣習の中にとり込まれる。学校組織が変わりにくい原因の一つに，消極的な教師文化が根強い傾向を挙げることができる。

（2）教師の意識は授業改善から変わる

　けれども教師文化が積極的な方向に変化する場面がある。きっかけは授業改善によって子どもの反応と手応えが変わるその瞬間である。授業では変化しないと思い込んでいた子どもの反応が劇的に変わる様子を目撃するとき，プロとしての自覚が目覚めるからである。教員の意識に変化をもたらす要因を探ってみれば，授業の「改善」効果がもたらすイン

パクトに気づかされる場合が多い。

　カリキュラム・マネジメントは教員がチームを組み，授業を起点としてカリキュラムを改善する試みである。すなわち授業技術の改善のみならず，単元や年間指導計画の改善も視野に入れなければならない。学力向上に効果を上げている授業から学ぶとき，指導法はもちろんだが，その目標設定，内容構成，そして時間配分などの指導計画に注目したい。授業参観では教師の力量の個人差が目立つ。しかし，これを個人の責任でなく，チームとして改善し支援するような積極性が求められる。

　このことは，志水宏吉らの共同研究が「力のある学校」の組織特性として指摘している点と重なる。すなわち「しんどい子に学力をつける七つのカギ」によれば次の点がポイントであるという(7)。

　①子どもを荒れさせない
　②エンパワー（励まし合う）集団づくり
　③チーム力を大切にする学校運営
　④実践志向の積極的な学校文化
　⑤地域と連動する学校づくり
　⑥基礎学力定着のためのシステム
　⑦リーダーとリーダーシップの存在

　このうち③と④がポジティブな教師文化が改革の活力源となることを示している。このように「現場主義」のカリキュラム・マネジメントは教師文化を含む学校文化全体の活性化を目指すものである。

（3）カリキュラム評価情報の共有

　カリキュラム評価では，教育活動を評価する以前に，資料をもとにチームで分析するという発想が求められる。そのポイントになるのはカリキュラムに関する「会議の進め方」の工夫改善である。たとえば資料を根拠にした意見の交換，提案者と実施者を分ける形での負担軽減，そして全員で議事録を作成する輪番制等によって，カリキュラムに関する会議が活性化され評価情報の共有化が進んだ事例が注目される。

　一般に学校の会議は効率がよくない。時間がかかる割には議論が盛り

上がらない。論戦が闘わされなくても談論風発の活気があってもよい。会議停滞の原因は，司会・進行と議題整理が効率的でないこと，教師の参加意欲が低いためではなかろうか。授業をどうするか，どうしたいのか。授業改善をめぐって時間内に一定の結論を出すには，「何をどこまでどのように決めるか」という会議の戦略（議事戦略）が必要である。

　会議が楽しみだという教師は少数派である。着席して発言せずに時間が過ぎるのを待つ。仕事の分担を決めるときになれば難色を示す。これでは会議に出席してはいるが，参加しているとは言い難い。出席者を議事に集中させるための工夫がいる。改善策を提案した者にはその仕事を振らないというルールを作ったケースがある。学校で何か提案をすればその提案者が仕事を引き受ける羽目に陥る。とくに教育活動の改善策を提案した教師がこの憂き目にあうケースがある。これでは授業を改善するための提案は出なくなる。「これ以上，余分な仕事はご免蒙りたい」と考えるのが消極的な教員文化の特徴である。これを克服するには提案者と実施者を分け，仕事を分散することを考えたい。仕事の「丸投げ」では意味がない。提案者もその仕事にやがて加わることになる。企業の中にはこのルールを適用している会社もある。会議の改善から授業の改善も具体的に進む。

　また会議のルールとして全員が交替で議事録をまとめることは情報の共有にとって効果的である。議事録を正確に書くには議事に集中しなければならず，このため他人事として出席するわけにはいかない。改善を進めるための会議では出席者が当事者意識を持つことが先決である。

4.　カリキュラム管理室の実践事例と資料収集

（1）カリキュラム管理室の実践例と成果

　日本の学校経営事例では資料を活用した実績が少ない。その中で50年近くにわたって，カリキュラムに関する資料を地道に収集し共有し保管する実践を積み重ねてきた学校が注目される。それが千葉県館山市立北条小学校の「カリキュラム管理室」の実践例である。当初教員間で教科指導の平準化を目指して設置された「カリキュラム管理室」はその後カ

リキュラム評価を常態化するシステムに発展している。カリキュラム管理室には小学校カリキュラムの単元資料が保管され教員がそれを自由に閲覧し利用できる。しかも改善すべき点を申し送る形でこれらの資料をもとにカリキュラム改善を提案するという「プラン実践検証システム」が構築されている(8)。

　日本の学校経営に不足しているシステムは評価情報の蓄積と保管である。北条小学校の場合，カリキュラム管理室という部屋を設けてそれを構築している。カリキュラムの改善サイクルはCAPDの特徴を示しており，担当者による定期的な会議が評価情報を整理し共有する場として定着している。カリキュラムの改善は授業改善を進める中で結果的に生み出される。短期的な流行に流されて特色ある教育活動を追い求めるのではなく，各学校で教員が異動しても継続していく長期的な授業改善の蓄積を重視することが必要である。

（2）授業評価から始めるカリキュラム・マネジメント

　カリキュラムそれ自体を評価することがカリキュラム評価である。開発・実践者が評価者まで兼ねることは客観性の確保において課題がある。評価の客観性を確保するため先述のゴール・フリー型の第三者評価が重要な役割を果たす。評価の観点が多様になればそれだけ客観性が高まるからである。

　カリキュラム評価の手順は，「授業評価→単元評価→年間指導計画評価→教育課程評価→学校評価」の筋道で進めると教員が受け入れやすい。まず授業評価と呼ぶよりも授業理解度調査としてとらえる積極性が求められる。「わかる授業」を目指すのであれば，児童生徒による授業の理解度を調べることが先決である。カリキュラム評価の目的は，教育効果や教師の力量を測ることでなく，次に述べるように「改善の効果」を振り返ることである。また教科外活動も単元の形で計画し評価・改善することが必要になる。卒業生を対象とした追跡調査を実施してみると，彼らが経験したカリキュラムへの評価はその年代や職業等によって多様でしかも変化がある。したがって生涯学習まで見通して，より長期

的な視野から，カリキュラム改善への試みを考える必要がある。

（3）「改善の効果」を評価するカリキュラム・マネジメントへ

　単元ごとの評定の結果を指導のあり方にフィードバックするには，児童生徒による授業評価等の補足的資料が必要である。たとえば，タブレット等を活用して児童生徒一人ひとりの学習の履歴を踏まえた指導と評価を可能にする仕組みについて，奈良教育大学および富士通株式会社による発表がWGの中で行われた(9)。学習の履歴という個人情報の扱いには十分に配慮する必要があるけれども，単元が終了するたびに教師へのフィードバック情報が即座に簡便に入手できる評価システムが構築されれば，カリキュラム・マネジメントの進展にとって便利である。

　その際に留意したい点は，各単元で掲げられる目標がどれだけ達成されたのかという学習の効果を確かめることだけに注目すると，カリキュラム・マネジメントの本質が見失われるということである。なぜならカリキュラム・マネジメントにおいて重要なことは，ねらった改善の効果を中心に観察と分析を行いその結果をフィードバックすることだからである。近年，行政を中心に「効果検証」という用語が流布しているけれども，しかしカリキュラムの効果検証は言われるほど容易な作業ではない。統計分析の結果を鵜呑みにすると解釈で騙されてしまうことになりかねない。カリキュラムの効果検証が研究上も実際上も困難であるにもかかわらず，それがあたかも容易に可能であるかのような言説が広まっている状況は問題である。

　全数調査を標本調査に勝手に変更した統計調査をめぐる不正が象徴するように，調査法という専門的知識が軽視されている。社会調査法は数量処理を行う統計とは異なる分野である。教育研究では事例研究法等の質的調査が増えていることから推察されるように，量的分析のみではわからないことが多く，統計で嘘をつくことも可能である。社会調査の一つである教育調査において調査のリテラシーを高める必要がある。よくわからない場合はデータ分析のセカンド・オピニオンを求めることも必要なことである。カリキュラム・マネジメントで重要なカリキュラム評

価を行う上でも調査法の知見を持っていなければ間違ったデータ解釈をしてしまう恐れがあるので，専門家の助言を得ながら，「改善の効果」を中心に確認することに焦点を絞って研究することである。

≫注

⑴　中央教育審議会教育課程部会児童生徒の学習評価に関するワーキンググループ「児童生徒の学習評価の在り方について（これまでの議論の整理（案））」2018年12月17日（以下，WG案），9頁参照。

⑵　中留武昭・田村知子著『カリキュラムマネジメントが学校を変える』学事出版，2004，11頁。

⑶　田中統治「第Ⅱ部2章　カリキュラム評価による学校改善の方法」中留武昭・論文編集委員会編『中留武昭教授退官記念論文集　21世紀の学校改善』第一法規，2003，105頁～118頁。

⑷　中央教育審議会答申（平成20年1月17日），「各学校でのカリキュラム・マネジメント」，144頁。

⑸　ここでは英国のカリキュラム研究者スキルベック，Mが提案したSBCDの5段階モデルを例示した。タイラーの原理については第2章を参照。また下記の文献も参考になる。日本カリキュラム学会編『現代カリキュラム事典』ぎょうせい，2001，499頁，および鄭栄根「SBCDによるカリキュラム開発の方法」山口満編『現代カリキュラム研究』学文社，2001，58頁～70頁。

⑹　文部科学省小学校『学習指導要領解説総則』2018，7頁，39頁～45頁。

⑺　志水宏吉『学力を育てる』岩波新書，2005。

⑻　館山市立北条小学校HPの「カリキュラム管理室」参照。
https://www.city.tateyama.chiba.jp/school/houjyo/karikan.html
田中統治・根津朋実編著『カリキュラム評価入門』勁草書房，2009。

⑼　WG案　25頁，注27参照。

━━■●**学習課題** ───────────────────────────

1．教育課程経営とカリキュラム・マネジメントの相違点について，カ
　リキュラムとマネジメントの概念の特徴に即して述べてみよう。
2．カリキュラム評価がカリキュラム・マネジメントにおいて果たす役
　割を PDCA サイクルと関連させて述べてみよう。
3．日本の学校においてカリキュラム・マネジメントを進めるうえで克
　服すべき課題についてその対策を含めて述べてみよう。

8 │ カリキュラムの研究開発

根津　朋実

≪目標＆ポイント≫　文部科学省の研究開発学校でのカリキュラム開発の実践動向を検討し，その成果をもとに実践的なカリキュラム研究の課題を考える。
　まず前提として，「カリキュラム開発」や関連用語について概説する（第1節）。次に，研究開発学校によるカリキュラム開発を紹介する（第2節）。これらを手がかりに，実践者がカリキュラム開発を，修士論文などの論文へとまとめる際の要点を述べる（第3節）。
≪キーワード≫　研究開発学校，教育課程特例校，SBCD

1.　カリキュラムの研究開発の系譜

　R & D（Research and Development）という語がある。日本語で「研究開発」と訳され，主に企業の新製品や新技術の創造を指す。製品や技術を新たに創り出す場合，つねに順調とはいかない。よく知られた白熱電球やインスタントラーメンのように，研究開発には，試行錯誤（trial and error：“try and error”は誤り）や失敗がつきものである。

　カリキュラムを一つの「製品」や「モノ」と考えた場合，やはり「研究開発」に当たる工程が存在する。新しい教科や領域の創設が代表的である。他方で，カリキュラムを「知識のネットワーク」，「人々の関係」や「経験の総体」ととらえた場合，個人の解釈や意味付与の過程が重要となる。この対比は，カリキュラム研究，とりわけ「カリキュラム開発」（curriculum development）において，日本では「工学的接近」と「羅生門的接近」という概念を用いて語られてきた（文部省　1975）。

　本章は，カリキュラム研究において，主に前者の「研究開発」に当たる工程に注目する。

（1）"Curriculum Development" とは

　カリキュラム開発の原語"curriculum development"は，まずアメリカ合衆国（以下，米国）で形成され，それから日本に輸入された概念である。かつて米国では"curriculum making"（「カリキュラム作成」）が使われていたが，これに替わって1920〜30年代に"curriculum development"という概念が形成され，1930〜40年代に普及，定着した（佐藤1985：91）。この概念について，佐藤学は次の通り要約した。

　「カリキュラム開発」は，進歩主義教育運動の公立学校への普及（PEA〈引用者注：Progressive Education Association，進歩主義教育者協会〉会員数のピークは1938年）と大恐慌以後の地域経済・教育の復興計画を背景として成立し，「授業改善」「教師の参加」「教職の研修」の諸特徴を示すカリキュラム構成の様式を表現する概念であった（佐藤1985：94）。

　この引用から"curriculum development"は，20世紀初頭の米国の教育事情，とりわけ児童中心主義をうたった進歩主義教育運動と結びつく，歴史的な概念といえる。

（2）"Curriculum Development" から「カリキュラム開発」へ

　20世紀初頭の米国発"curriculum development"は，日本では「カリキュラム開発」（文部省　1975）や，「カリキュラム展開」・「カリキュラム構成」（長尾　1985ほか）などと訳される。「教育課程開発」や「教育課程展開」という訳もなくはないが，近年はほとんど用いられない。日本の法規の用語「教育課程」と，研究の用語"curriculum"や「カリキュラム」とは，部分的に意味の重なりはあるものの，明らかに別物である。

　カリキュラム開発は，教育課程の編成とは異なり，日本の法規の用語ではない。ゆえに，いわゆる教育課程行政における「カリキュラム開発」の使用は，極めて例外的である（文部省　1975）。

　とはいえ，表8−1の通り，カリキュラム開発はとくに目新しい語と

いうわけでもない。表8−1は，各種の雑誌記事などのデータベースにより作成し，期間の開始年は，被占領後の学習指導要領の改訂（主に小学校）に合わせた。表8−1によれば，カリキュラム開発は，ここ半世紀ほどの間に日本で普及し，近年も各種の記事で使われる語である。20世紀初頭の米国発"curriculum development"は，日本で1960年代の後半から「カリキュラム開発」として受容が進んだ，といえる。

表8−1　カリキュラム開発とカリキュラム・マネジメントの用例数の変遷

検索語　　期間	1958〜67	1968〜76	1977〜88	1989〜97	1998〜2007	2008〜16	2017〜19
カリキュラム開発	0	29	100	336	1285	1190	292
カリキュラム・マネジメント	0	0	0	0	186	335	680

公開データベース CiNii（NII 学術情報ナビゲータ［サイニィ］，https://ci.nii.ac.jp）による（2020.2.21）。

　表8−1の通り，近年の学習指導要領改訂に伴う「カリキュラム・マネジメント」導入により，今後は「カリキュラム開発」よりも「カリキュラム・マネジメント」が頻用される，と予想できる。日本の「カリキュラム開発」の使用は1960年代末，いわゆる「教育内容の現代化」のころに始まる。近年の学習指導要領で新たに示された「カリキュラム・マネジメント」は，1998（平成10）年「総合的な学習の時間」の創設や，学校週5日制導入の前後に登場する。「カリキュラム開発」は学習指導要領で用いられてはいないが，「カリキュラム・マネジメント」は登場から約20年で学習指導要領に記された。「カリキュラム・マネジメント」を理解するには，先行する関連語「カリキュラム開発」を知っておく必要がある。

（3）RDD モデルの登場と課題
　これまで，カリキュラム開発のモデルがいくつか提唱されてきた。近年のカリキュラム・マネジメントの背景にある PDCA（Plan-Do-Check-Act（tion），計画—実施—評価—改善に向けた活動）サイクルの

導入も，カリキュラム開発の一つの変種とみなせる。

　以下，根津（2012：180〜182）に基づき，カリキュラム開発の二つの様式として，表8-2のRDDモデルおよびSBCDを，続けて紹介する。

表8-2　RDDモデルとSBCDとの比較

RDD Research, Development & Diffusion*(研究, 開発, 普及)		SBCD School-Based Curriculum Development
政府, 研究所, 大学, 財団	どこで	地方, 学校現場
専門家, 内容のエキスパート	誰が	教員, 指導主事
実験的環境で	どのように	現場で
〜1960年代	いつ	1970年代〜
伝達普及, トップダウン, 中央集権	性格	草の根, ボトムアップ, 地方分権
東西冷戦, 科学技術振興	なぜ	RDD の破綻

（注）＊dissemination を用いる場合もある。　（出所）筆者作成。

研究―開発―普及（RDD）モデル

　RDDモデルとは，研究―開発―普及（Research, Development and Diffusion〈Dissemination〉）モデルの略称である。これは大要，「中央政府の財政措置や各種財団による助成金を基盤に，大学や研究所といった研究拠点が主導して先進的なカリキュラムを研究開発し，それを一般の学校現場へと広める」というモデルである。現在の教育界にも，「先進校」という語がある。この語には，「専門機関の指導のもと，時代を先取りした新しい内容を試験的に実践する学校で，いつかその内容が全国展開されるかもしれない」という含意がうかがえ，RDDモデルに似る。

　RDDモデルの登場は，1950年代後半以降である。1957（昭和32）年10月，ソ連（ソビエト社会主義共和国連邦）が，人類初の人工衛星スプートニク1号の打ち上げに成功した。これを契機に，東西の軍事的対立を背景として，科学技術の振興がうたわれた。西側では，米国の国家防衛教育法（National Defense Education Act）（松浦　1988，別名「国防教育法」）に代表されるように，国家規模で「新カリキュラム」が研究

開発された。いわゆる「教育内容の現代化」の時代である。

　その結果，アルファベットの大文字で略される，主に各種理数系のカリキュラムが，「新カリキュラム」として誕生した。うち PSSC 物理（物理学研究委員会，The Physical Science Study Committee）や BSCS 生物（生物学カリキュラム研究委員会，Biological Sciences Curriculum Study Group）などは，日本でも訳本が出版された（水原ら　2018：161）。

RDD モデルへの批判

　そのまま「教育内容の現代化」や RDD モデルが上首尾に進んでいたなら，PSSC 物理や SMSG 数学（数学教育研究グループ，The School Mathematics Study Group）などは，現在の学校で今日も発展を続けているはずであり，教科書も当然それらに準拠していたはずである。現実の歴史は，そのようには進まなかった。次の指摘がある。

　（略）その試み（引用者注：「現代化」）はうまくいきませんでした。その原因のひとつは，現代化を織り込んだ教科書作りに成功しなかったことです。その先進的研究をしていた米国ですら，UMCSM（引用者注：正しくは UICSM）数学，PSSC 物理，BSCS 生物，CBA 化学の教科書はまるで大学の教科書のようで，生徒にとっては興味の持てない内容でした。別の見方をすれば，その開発は研究者中心であり，現場の教員にとっては参加する気にもなれなかったでしょう。（水原ら　2018：161　下線は引用者による）

　前掲の表8-2の語を使えば，RDD モデルによるカリキュラム開発は，「実験的環境で」開発された，「中央集権」の「トップダウン」によるカリキュラムである。俗な表現が許されるなら，RDD モデルはやや「上から目線」（根津　2012：181）のカリキュラム開発であり，学校の多彩な学習者や，彼らと日々向き合う教師からは，遠く離れた存在だった。

　もっとも，RDD モデル自体は今日も健在である。学習指導要領，教科書検定，および入学試験が一体化された日本の教育課程行政は，見方

によっては RDD モデルに近い。中央政府によるカリキュラムの統制
や，各種行政機関による伝達と普及の手続きに重きが置かれており，や
やもすると各学校の教師はカリキュラムの「ユーザー」にとどまりかね
ないからである。

（4）学校に基礎をおくカリキュラム開発（SBCD）

　この項は，根津（2019）を改編して述べる。

　「学校に基礎をおくカリキュラム開発」は，"School-based Curricu-
lum Development" の訳である。原語を略し，"SBCD" が用いられる。
SBCD は，カリキュラム開発の場を学校とし，開発者としての教師の現
職教育を重視する，カリキュラム開発の一手法である。この手法は，1970
年代初め，経済協力開発機構（Organisation for Economic Co-operation
and Development, OECD）による各種の国際セミナーで提起された。
なお，American English では "Organization" だが，OECD は "Organisa-
tion" を用いる。後者の綴りは British English やフランス語である。こ
の綴りは，OECD が欧州に端を発する経緯を象徴するといえよう。

　SBCD が登場した背景には，RDD モデルや「教育内容の現代化」と
いった，1960年代の中央主導的なカリキュラム開発への批判があった。
そこで SBCD は，現場への積極的な権限移（委）譲を目指した。中央
行政や研究機関が作ったカリキュラムを各学校へ伝達し，教師はその
「ユーザー」にとどまるといった関係性を変え，各学校で教師自らカリ
キュラムを開発できるよう，人事や予算を含む諸権限を現場に移す（委
ねる），という発想である。今日でいう規制緩和の一種ともいえる。

　よって SBCD は，しばしば「草の根」（grass-roots）的と評される。
SBCD は，先の「上から目線」な RDD モデルと対立するように見える
が，両者は対立関係にあるとはいえない（根津　2012：194）。ある実験
校が独自に新教科を開発し，それを中央行政が採用して全国展開させる
例は，SBCD と RDD モデルとの組み合わせや併用だからである。

　日本で SBCD は，文部省と OECD-CERI（Centre for Educational Re-
search and Innovation, 経済開発協力機構・教育研究革新センター）共

催の国際セミナー（1974〈昭和49〉年）や，その報告書『カリキュラム開発の課題』（文部省　1975）などで紹介された。項の見出しの訳語「学校に基礎をおくカリキュラム開発」は，同報告書中，英国のスキルベック（Skilbeck, M. 1932〜　）の邦訳資料による。研究者によっては，「学校を基盤とする…」や「学校を基礎とする…」などと，別の訳語を用いる場合もある。

　日本の教育課程行政には，規模や内容，程度に差はあるが，広義のSBCDと呼べる事例が存在する。1970年代後半の研究開発学校制度や「ゆとりの時間」（学校裁量時間），1989（平成元）年学習指導要領の小学校「生活科」，1998（平成10）年学習指導要領の「総合的な学習の時間」や2008（平成20）年学習指導要領の小学校「外国語活動」は，教育課程行政における各校の裁量拡大の例である。他にも多彩な学校行事を始め，教育課程特例校制度（冨士原　2019：160〜164），高等学校の学校設定教科（科目）やSSH（遠藤　2019）など，各校の創意工夫に基づく実践は珍しくない。

2.　研究開発学校制度におけるカリキュラム開発

　本節で扱う「研究開発学校」は，文部省・文部科学省の制度を指す。その最大の特徴は，学習指導要領の法的拘束力の例外措置にある。この例外措置は，学校教育法施行規則に基づき，大臣が指定する。ゆえに研究開発学校の指定を受けた学校（指定校と呼ぶ。各種一貫教育のように，複数校園の場合もある）は，大胆な教科・領域の再編や，新教科の提案が可能となる。

　前節の概観から，研究開発学校は，日本版のRDDモデルにしてSBCDの一例といえる。大臣名により研究開発を行うよう指定を受け，その成果は学習指導要領の改訂時に参照され，学習指導要領改訂を通じて全国の教育課程に普及する可能性がある。この流れは，研究—開発—普及のRDDモデルそのものである。他方で，研究開発の具体は，指定校にほぼ委ねられる。なかでも，新しい教科や領域の研究開発は未知の世界であり，指定校の教師は文字通り創意工夫，試行錯誤を求められ

る。この状況は，SBCD の一つの型とみなせる。

以下，研究開発学校の制度を概説し，近年の動向を述べる。

（1）研究開発学校制度の概要

研究開発学校の制度に関する表8-3を，根津（2012：185）に基づき示す。表8-3の通り，この制度は今日まで半世紀近い歴史を持ち，SSH（Super Science High school，スーパーサイエンスハイスクール）など，近年の教育施策にも直結するといえる。

表8-3　研究開発学校関連年表

```
1968.7  学校教育法施行規則改正（第26条の2）：「教育課程の特例」を定める
1971.6  「四六答申」：学校体系の先導的試行を提案
1972.8  教育課程研究開発者協力者会議　発足

(1974.3  OECD-CERI（経済開発協力機構・教育研究革新センター）と文部省とで，
  「カリキュラム開発に関する国際セミナー」を東京で開催。1975.5，報告書刊行）

1976.5  文部省，「教育課程改善のための研究開発実施要綱」を作成：制度の実質化
1976.7  文部省，20校を研究開発学校として指定：実質的な制度開始
  研究開発課題：①幼稚園及び小学校における教育の連携を深める
      教育課程の研究開発（幼小連携，小一に「総合的な学習」）
    ②中学校および高校における教育の連携を深める
      教育課程の研究開発（選択履修，「10カ年一貫」）
    ③高校の生徒の能力，適性，進路等に弾力的に対応する
      教育課程の研究開発（単位制，履修の弾力化，課題研究）
    ④高校における職業教育の改善及び充実を図る教育課程の研究
      開発（普通科：勤労体験学習，職業科：「共通基礎科目」）

1977  研究開発課題に「小・中の連携」を追加，8校を追加指定
    ※学習指導要領改訂（学校裁量の時間，「ゆとりある充実した学校生活」）
1978  4校を追加指定
1979  「教育研究開発室」廃止→高校教育課へ吸収　31校指定（継続15，新規16）
    「先導的試行」から「教育課程の開発」へ移行
  (中略：この間，臨時教育審議会，1989改訂（生活科），1998改訂（総合的な学習の時間））

2000  課題指定型から公募型に制度改正：チャータースクールの議論の影響も
2001  省庁再編，「文部科学省」成立　→　教育関連の審議会も統合・再編へ
2002  SSH（スーパー　サイエンス　ハイスクール），
    SELHi（スーパー　イングリッシュ　ランゲージ　ハイスクール）　開始
2002-2008.3  内閣による構造改革特別区域研究開発学校設置事業（いわゆる教育特区）
2008.4  「教育特区」，文部科学省の教育課程特例校制度として引き継がれる
2014.4  SGH（スーパー　グローバル　ハイスクール）開始
```

（参考資料）安達拓二，1976，「研究開発学校スタート」『現代教育科学』231号，105-107頁。
　　安達拓二，1979，「学制改革の先導的試行から教育課程の開発へ」『現代教育科学』273号，108-111頁。
　文部科学省初等中等教育局教育課程課　2010『研究開発学校関係資料』全145頁。
　http://www.mext.go.jp/a_menu/shotou/kenkyu/index.htm（研究開発学校制度）
　http://www.mext.go.jp/a_menu/shotou/tokureikou/index.htm（教育課程特例校制度）

根津（2012：185）による

　この制度の開始を,「1976（昭和51）年」とする資料がある。おそら
く,文部科学省のホームページ（http : //www.mext.go.jp/a_menu/sho-
tou/kenkyu/htm/01_doc/0101.htm）の記載に依拠したと思われる。確
かにこの年,初の指定校20校が誕生した（安達　1976）。ただし,指定
校誕生の制度的背景を考慮すれば,表8-3の通り,法的な開始は「1968
（昭和43）年」とすべきだろう（根津　2006：31）。同年7月,学校教育
法施行規則の改正により,「教育課程の特例」が定められた。また同年
4月,いわゆる「教育内容の現代化」の影響を受けた学習指導要領も告
示済だった。当時の状況からすれば,前節（3）で紹介したRDDモデ
ルの日本版として,この「教育課程の特例」が導入されたと考えられ
る。なお,法的な開始と20校指定との間には,8年ほどのズレがある。
このズレの理由は,安達（1976：105〜106）を参照されたい。
　以下,文部科学省のホームページ（前掲）,「教育研究開発実施要項」
（平成13年1月6日文部科学大臣裁定,平成24年7月30日最終改正）,お
よび筆者の経験を参照して概説する。
　研究開発学校の対象は,学校教育法第1条に定める学校,いわゆる
「1条校」である。指定には,実施希望調査や審査を経なければならな
い。前者は,研究開発実施希望調書を作成し,管理機関（国公私立で異
なる）を通じて文部科学省に提出する。後者は,提出された調書を専門
家会議の「教育研究開発企画評価会議」で審査する。この審査で「適当
と認められる研究」のみ,正式な申請書と計画書を提出し,指定に至
る。
　研究開発学校の総数は,年度や研究開発の内容により変動するが,お
およそ100校以下である。小学校,中学校,高等学校,特別支援学校,
義務教育学校,中等教育学校の合計が約3万6千,幼稚園や「認定こど
も園」を含めれば約5万である（平成29年度「学校基本調査」によ
る）。研究開発学校の数を仮に100校としても,日本全体の0.2％しかな
い。研究開発学校の実践は,ごく一部の指定校に限られるといえる。
　指定期間は原則として4年間だが,延長される場合もある。当初,指
定期間は原則3年間だったが,2012（平成24）年の「教育研究開発実施

要項」改正で延長された。「教育研究開発実施要項」には、「文部科学省は、予算の範囲内で調査研究に要する経費を支出する」とある。この経費には幅があり、「数十万円規模から、数百万円規模までさまざま」（文部科学省ホームページ、「研究開発学校　よくあるご質問」）とされる。指定校の管理機関（国立大学法人、都道府県教育委員会、学校法人）は、文部科学省との間で、1年更新の委託契約を締結する。

　指定校は、具体的な研究開発と並行して、次の諸点に対応しなければならない。（1）専門的見地から指導助言に当たる「運営指導委員会」の設置と開催（年に数回）、（2）「研究開発学校連絡協議会」（5月、新規指定校のみ）、「研究協議会」（別名「研究開発学校フォーラム」、1−2月）への参加、（3）文部科学省による実地調査への対応（指定期間中に2回程度）、（4）報告書の提出と会計報告（毎年度末）、（5）研究成果の発表（任意）、（6）研究開発期間の延長申請（必要に応じて）。指定校は研究開発だけでなく、普及の手続きも担う必要がある。「文部科学省への報告書等の提出、連絡協議会への参加など、学校側に課される義務も多く、研究を担当される先生のご負担は、非常に大きくなります」（文部科学省ホームページ、「研究開発学校　よくあるご質問」）とある。

（2）カリキュラム開発の成果と具体例

　学習指導要領によらない研究開発が公的に認められる場合、その実践を「教育課程」という語で説明するには、無理がある。「教育課程の基準は学習指導要領である」とするなら、「学習指導要領によらない教育課程」は、やや矛盾した表現だからである。ここに、「カリキュラム」や「カリキュラム開発」の語を用いる余地がある。

　文部科学省のホームページによれば、表8−4の内容が研究開発学校の成果とされる。この表から、ここ30年間ほどの教育課程行政には、研究開発学校の成果が着実に反映されてきたといえる。（1）で述べた通り、研究開発学校は、日本の学校数の0.2％以下にすぎない。ごく一部の指定校による実践が、学習指導要領を通じて表8−4の通り全国展開

される状況は，まさに RDD モデルである。この表は平成29（2017）年
以降の学習指導要領の記載を欠くが，今後も追加されると思われる。

表8-4　文部科学省による研究開発学校の成果例

学習指導要領の告示年	成果例
平成元（1989）年	小学校の低学年に「生活科」を設置 中学校の選択履修の幅の拡大 高等学校の「課題研究」など新科目の設定
平成10（1998）年	「総合的な学習の時間」の創設 高等学校「情報」，「福祉」などの教科の創設 単位制高等学校や中等教育学校の制度化
平成20（2008）年	小学校における「外国語活動」の新設

http : //www.mext.go.jp/a_menu/shotou/kenkyu/htm/01_doc/0101.htm に基づき，筆者
作成

　（1）で述べた通り，研究開発学校は報告書を毎年作成し，文部科学
省に提出する。この報告書は，指定校や管理機関が発信しない限り，ま
ず公開されない。文部科学省のホームページには「研究開発実施報告書
（要約）」が PDF 形式で掲載されるが，あくまで要約であり，冊子体の
報告書そのものではないため，情報は限られる。ゆえに指定校の協力が
得られないと，研究開発学校の報告書を入手し，研究開発の具体を検討
するのは難しい。複数の指定校による研究開発の比較検討となると，さ
らに困難である。

　ただし，指定校によっては，独自に公刊物を出版する場合がある。報
告書とは趣が異なり，出版社の編集方針によって内容が左右される可能
性もあるが，報告書よりも入手しやすい。ここでは一例として，図書
『創る』（香川大学教育学部附属高松小学校　2017）を挙げる（以下，校
名を附高小と略す）。同書や文部科学省のホームページに基づき，附高
小の研究開発の概要を表8-5に示す。

　表8-5から，附高小の研究開発は，「主な教育課程の特例」の通り，
現行の教育課程の枠組みを「教科学習」と「創造活動」の2領域へと改
変した，といえる。「資質・能力」への注目や「外国語活動の教科化」
などは，2017（平成29）年告示の小学校学習指導要領を結果的に先取り
した，とも考えられる。

表8-5　香川大学教育学部附属高松小学校の研究開発

学校の概要	1890（明治23）年開校。全校約600名，計19学級（1年生は少人数4，他学年は3）。教職員約30名。
研究開発課題	豊かな人間性と創造性を育むために，道徳・特別活動・総合的な学習の時間を統合した新領域「創造活動」を創設し，多様な集団や価値観の中で，「分かち合い，共に未来を創造する子どもの育成」に向けた教育課程に関する研究開発
研究開発の期間	2013（平成25）～2015（平成28）年度，3年間
研究開発の概要	資質・能力を養う2領域カリキュラムを構想する。「創造活動」では，多様な集団でのリアルな文脈での問題解決や年間を通した個人追究を通して，自己の生き方・在り方を深化していく。また，「教科学習」では，自分にとって意味のある知を生み出すための態度や知識・技能，見方・考え方を追究する。この2領域が往還的に働くカリキュラムを構想し，豊かな人間性や創造性を育むことを目指す。具体的には，①2領域で育む分かち合う子どもの姿の明確化②新領域「創造活動」における指導と評価の在り方について本校としての提言を行う。
主な教育課程の特例	学校教育法施行規則第50条関連 　a）外国語活動の教科化を行い，全学年で外国語科を実施 　b）道徳，総合的な学習の時間，特別活動を統合すると共に，各教科の時数を削減し，新領域「創造活動」を全学年に設置 学校教育法施行規則第51条関連 　c）低学年の授業時数増（約40時間）　ほか

附高小（2017），文部科学省ホームページに基づき，筆者作成。

3.　カリキュラム開発の実践に基づく論文執筆の要点

　通常のテキストであれば，前節までで一区切りの内容である。本章「カリキュラムの研究開発」は前節ですっきりと終わり，このスペースには注や文献が並んでいても，不思議ではない。

　とはいえ，本書は放送大学大学院のテキストであり，前節で終わってしまっては物足りない。同大学院の特徴から，多くの読者が教育実践に当たっている（た），と想定する。読者が自らの教育実践を素材に，修士論文などをまとめる場合，前節までの内容はどう役立つか。その際の要点について，筆者の指導経験を交えつつ，以下，試みに述べる。

（1）制度的な背景や歴史に目を向ける

　前節までの内容から，「物事の誕生には，必ず原因がある」といえる。なぜ「カリキュラム開発」という語が登場したか。なぜ RDD モデルが推進されたか。なぜ SBCD が提唱されたか。なぜ日本で研究開発学校が導入されたか。なぜ「総合的な学習の時間」は全国展開されたか…すべて，歴史的な理由があり，国の制度改変を伴う場合もあった。

　「物事の誕生には，必ず原因がある」とすれば，読者の実践にも，確たる原因があるはずだ。原因は，一冊の本や誰かとの出会い，異動や転職，あるいは学習指導要領改訂に伴う組織的対応かもしれない。事件や事故，天災や人災が原因となる場合も，もちろんありうる。

　そこで読者に意識してほしいのは，実践の中身もさることながら，その実践を可能とした制度的な背景や歴史である。言い換えれば，実践の前提条件である。具体的には，次の問いを想定できる：その実践は，いつから誰が始めたのか。当時の原因や動機は何か。その実践を可能とした法規や制度，組織の事情は何か。実践に際し，制度上の特例の適用や，資金提供があったか。個人や組織がどんな権限を持っていたか。前節の附高小の場合，表8−5の情報の多くが，これらの問いへの答えとなる。

　実践に携わらない第三者が知りたいのは，実践の中身に加え，「なぜこういう実践が可能となったのか」，「自分の所属組織とどこが違うのか」といった，実践の前提条件や背景に関する事実である。実践者は「できて当然」なので，重力や呼吸のように，これらの前提条件や背景をあまり意識しない。また，個人でも組織でも，実践は必ず開始時から変わる。継続や発展もあるが，変質や劣化，途絶もありうる。初発の意図が忘れられたまま，「惰性」で続く実践も，少なくない。この変化に気づくには，実践と制度的な背景や歴史との関連を，一度整理する必要がある。

　ゆえに具体的な作業として，「実践の略年表の作成」が求められる。実践の場が学校であれば，答申や学習指導要領改訂などの情報を併記してみてほしい。表8−4の通り，無関係とは言い切れないはずである。

（2）実践を対象化・客体化する

　前述の通り，実践者と第三者とでは，当の実践への関心が異なる。実践者は「当事者」や「関係者」であり，自ら経験した実践について，自分の言葉で語れるだろう。一方，第三者は直接その実践を経験していないため，実践者が「当事者」や「関係者」として語る言葉を，まったく同じようには理解できない。

　実践者が自らの実践の内容や具体を詳しく述べても，修士論文としては不十分である。それは実践の「感想文」や「独白」にとどまり，他者が理解可能な「研究」とは呼べない。そこで「研究」に求められるのが，「対象化」や「客体化」（objectification）と呼ばれる手続きである。第三者にも理解できる言葉で，実践を再構成する作業である。

　本節の初めに，「読者が自らの教育実践を素材に，修士論文などをまとめる場合，」と書いた。語「素材」は，意識的に選んだ。自らの教育実践は貴重だが，そのままでは研究の「対象」とはいえない。とれたての土つき根菜と同様で，食べるには一手間を要する。この一手間が，対象化や客体化となる。前述した「実践の略年表の作成」も，この一手間に当たる。各種の質問紙調査や統計分析により，「客観化」を目指す場合もあるだろう。これも対象化や客体化の一種である。

　ただし，対象化や客体化により，実践は必ず単純化され，リアリティが失われてしまう。それは，音楽や映画について言葉で説明したり，労働の対価を賃金として受け取ったり，勉強の成果を点数で示されたりするようなものである。実践を研究にする際の交換条件ともいえる。修士論文を書くには，逆説的だが，書かないことや書けないことが，必ず生じる。

　具体的な作業としては，「先行実践の収集と分析」が挙げられる。自らの実践に専念するあまり，他の実践を顧みないケースは，珍しくない。いったん自らの実践を突き放し，他の実践に目を向けることで，かえって自らの実践の特徴や良さに気づく場合もある。（1）で述べた「実践の略年表の作成」を自らの実践の振り返りとするなら，この「先行実践の収集と分析」は，自らの実践と他の実践との比較検討に当たる。これもまた，実践の対象化や客体化の手続きである。

引用文献

安達拓二（1976）「研究開発学校スタート」『現代教育科学』231，105〜107.

遠藤宏美（2019）「高等学校の多様な教育課程」根津朋実編（2019）『教育課程』ミネルヴァ書房，109〜123.

香川大学教育学部附属高松小学校（2017）『創る　2領域カリキュラムで子どもが変わる！教師が変わる！』東洋館出版社。

佐藤学（1985）「カリキュラム開発と授業研究」安彦忠彦編（1985）『カリキュラム研究入門』勁草書房，88〜122.

長尾彰夫（1985）「アメリカのカリキュラム理論に関する基礎的研究（第5報）：H. L. Caswell と D. S. Campbell の"Curriculum Development"について（その2）」『大阪教育大学紀要　Ⅳ　教育科学』34（2），113〜123.

根津朋実（2006）『カリキュラム評価の方法　ゴール・フリー評価論の応用』多賀出版。

根津朋実（2012）「カリキュラム開発」篠原清昭編（2012）『学校改善マネジメント　課題解決への実践的アプローチ』ミネルヴァ書房，180〜195.

根津朋実（2019）「学校に基礎をおくカリキュラム開発　school-based curriculum development（SBCD）」橋本美保・遠座知恵編（2019）『改訂版　教職用語辞典』一藝社，86.

冨士原紀絵（2019）「教育課程をめぐる今日の動向（1）　─教育課程の研究校制度─」根津朋実編『教育課程』ミネルヴァ書房，153〜166.

松浦良充（1988）「アメリカ合衆国国家防衛教育法（1958）の教育史的意義─ロックフェラー報告・コナント報告の人材養成論との比較において─」『教育研究』（国際基督教大学学報　1-A）30，25〜47.

水原克敏・髙田文子・遠藤宏美・八木美保子（2018）『新訂　学習指導要領は国民形成の設計書　その能力観と人間像の歴史的変遷』東北大学出版会。

文部省（1975）『カリキュラム開発の課題　カリキュラム開発に関する国際セミナー報告書』（MEJ 6874）。

◉学習課題

1．自分が携わった実践について，略年表を作成してみよう。後から書き足せるよう，余白を多めに取るとよい。
2．自分が携わった実践について，関連する先行実践を収集し，相互に比較して，気づいた点を整理してみよう。

9 | 教師によるカリキュラム研究

根津　朋実

≪目標&ポイント≫　実践的カリキュラム研究の担い手である教師がカリキュラムを対象に研究するときの立場性の問題を中心に考える。
　まずカリキュラムと教師との関係について，いくつかの型を紹介する（第1節）。次に，教師を対象としたカリキュラム研究の方法を概説する（第2節）。以上の内容に基づき，教師がカリキュラムを対象に研究する際の要点を述べ，まとめとする（第3節）。
≪キーワード≫　三つの「手」，マクロ・ミクロ・メゾ，研究倫理

1．三つの「手」：カリキュラムと教師との関係

　カリキュラムと教師との関係は多様であり，いくつかの型がある。
　以下，カリキュラムと教師との関係について，三つの「理念型」に分けて整理する。この区分に当たり，川口（2014：18〜19）を参考にした。
　留意すべきは，それぞれの理念型に特徴があり，一概に優劣をつけられない点である。いずれも概念としての「型」であるため，現実には重なりや程度に強弱があったり，各型が組み合わされたりする。試みに，三つの理念型に通ずるキーワードを「手」とし，「使い手」，「作り手」，そして「遣（や）り手」とした。なお，研究者による用語の違いもあるが，詳細な解説は割愛した。各自で原典を参照されたい。

（1）「使い手」：カリキュラムの「ユーザー」としての教師

　第一の型は，"curriculum-user" と呼べる。この型で想定されるカリキュラムは，厳密な規格化・標準化を経て，「製品化」「パッケージ化」「モノ化」されている。このとき教師の役割は，パッケージ化されたカリキュラムの従順な「使い手」（user）であり，個性や独創性は必要と

されない。「教材の詰め合わせ」入りの箱を開けたらすぐ使え，教師自身の教え方や経験は問われないイメージである。民間教育産業として存在する，系統的なプリント学習やドリル学習を想起できる。テレビやラジオ，インターネットなど，メディアの視聴も含まれるだろう。

　この種のカリキュラムの別称として，"teacher (-) proof curriculum"がある（長尾　1981：58〜59など）。語 "teacher (-) proof" は「耐教師（性）」と訳される場合もあるが，やや生硬で，原語の意味を反映しきれていない。似た表現の "water-proof" は「防水」や「耐水」と訳されるが，「防教師（性）」ではますます意味不明である。結果，あえて訳語をあてず，「ティーチャー・プルーフ・カリキュラム」と，カタカナ表記する場合（米村　2001）も珍しくない。筆者の案は，意訳「誰でも先生（性）」か「教師いらず（性）」であり，"teacher (-) proof curriculum" の訳は「誰でも先生カリキュラム」や「教師いらずカリキュラム」となる。

　この型の長所は，カリキュラムが高度に「マニュアル化」され，教師の質を問わないため，均質的な教育内容を容易に提供できる点にある。製品として大量生産，大量供給できれば，コストは安価となる。インターネットなら，なおさらである。短所は，教師がカリキュラムの開発に直接関与しないため，創意工夫や裁量の余地があまりないことである。目の前の学習者に合わせた微調整や改変も，容易ではない。

　また，教師は製品化された「出来合い」のカリキュラムを使いこなす存在にとどまり，自ら教える内容を組織的に作らない，改変できない状況に慣らされていく―結果としてこの型は，教師ひいては人間が本来持つはずのコミュニケーションや技能を奪い続ける，という見方がある。この傾向は「脱技能」（de-skilling）と呼ばれ（アップル訳書　1992：227〜234；Joseph 2010），しばしば批判される。卑近だが，安価な外食中心の生活だと，自炊の腕が鈍る例に似る。

（2）「作り手」：カリキュラムの「メーカー」「ディベロッパー」としての教師

次の型は，"curriculum maker" または "curriculum developer" と呼べる。この型で想定されるカリキュラムは，「素材」や「半加工品」，「半製品」といえる。おおよその規格や標準はあるが，大半は教師が実践の場で作り，仕上げなければならない。このとき教師の役割は，ある素材をもとにカリキュラムを展開する，職人的な「作り手」に当たる。規格や標準の範囲内であれば，あとは教師の創意工夫に頼ることとなる。そのため，この型のイメージは，教師の力量に左右される「ものづくり」や「アート」に近い。

（1）の「使い手」としての教師は受動的だったが，「作り手」としての教師は，能動的な役割を果たす。規格や標準が緩ければ，大胆で斬新な実践も可能である。日本では戦後の用例として，「授業づくり（作り）」「学級づくり（作り）」「学校づくり（作り）」がある（ただし，「カリキュラムづくり（作り）」はさほど用いられない）。これらはまさに，「作り手」としての教師を念頭に置いた言葉である。ただし「学校づくり」と「学級づくり」は1950年代から見られるが，「授業づくり」の登場は1970年代である（論文データベース〈CiNii，ざっさくプラス〉の検索結果による）。このズレは，1958（昭和33）年告示の学習指導要領による法的拘束力の強化や，「教育課程の自主編成」運動（川合1960；日本教職員組合　1976)，そして前章で述べた「カリキュラム開発」の影響がありうる。時代的に，高度経済成長も見逃せない。

この型の長所は，「使い手」に比べ，教師の創意工夫の余地が大きく，多様な実践を期待できる点にある。教師がカリキュラムを「作る」対象として意識することは，「作り手」としての当事者意識や，所有者意識（ownership）をもたらすと考えられる。一方でこれらは，短所にもなりうる。すなわち，この型は教師の力量や経験に頼るため，カリキュラムや実践の質にばらつきが出やすい。一定の見習い期間や，指導者（メンター）の存在が必須だろう。とくに経験の浅い教師には，熟達への道筋が見えにくいからである。実際，経験が浅いと，「何をやっても

いい」と言われても,「どうすればいいか」の見当がつかない。必然的に,試行錯誤や「見よう見まね」を要する。かといって,お手本として規格や標準を詳細に示すと,結果的に（1）の「使い手」と化す可能性が大きい。（1）の例を再び用いると,「不慣れな自炊に挑戦するくらいなら,出来合いの惣菜や他人のレシピに頼るほうがまし」となろう。

（3）「遣（や）り手」：カリキュラムの「デザイナー」「マネジャー」としての教師

　三つ目の型は, "curriculum designer" や "curriculum manager" である。この型で想定されるカリキュラムは,「ものづくり」や「アート」にとどまらず,それらを運営する作業や手続きまで含まれる。教師の役割は,前提となる規格や標準を新たに作り出し,その運用改善まで担うイメージである。カリキュラムの創意工夫を中心としつつ,その運営にも責任を負う意味を込めて,「遣り手」と命名した。

　唐突だが,「カリキュラム・マネジメント」を行うのは,誰か。各種の教員研修や教員免許状更新講習の場合,素朴な答えとして多いのは,校長や副校長,教頭,主幹教諭や指導主事といった,「管理職」,「行政担当者」である。この答えは,2017（平成29）年から改訂された学習指導要領の趣旨とは,やや隔たりがある。学習指導要領の趣旨からすれば,校務分掌を前提に,全教職員がカリキュラム・マネジメントに携わるからである（文部科学省　2017：「第1章総則」「第5　学校運営上の留意事項」「1　教育課程の改善と学校評価等」の「ア」）。つまり,全教職員が「カリキュラム・マネジャー」のはずである。「使い手」や「作り手」に比べ裁量が大きく,組織的かつ自律的にカリキュラムの質を点検し改善する―そのような「遣り手」であれば,「カリキュラム・マネジャー」の名に値するだろう。

　この型の長所は,「作り手」よりも権限が大きいため,前提自体を変えられる点にある。学習指導要領の枠内で創意工夫を凝らし,検定教科書がない領域の実践に取り組む場合は,あくまで「作り手」にとどまり,「遣り手」とはいえない。前章第2節の研究開発学校のように,実

践の前提となる学習指導要領を変える場合は，「遣り手」に近い。この場合，教師単独では例外措置を適用されないので，学校単位の組織的な対応が必須となる。これはそのまま，短所にもつながる。「作り手」と同じく，＜「何をやってもいい」と言われても，「どうすればいいか」の見当がつかない＞という状況が，全校単位で生じる。「遣り手」となるには，一定の「使い手」や「作り手」の経験を要するが，それらの経験があれば「遣り手」になれるとも限らない。（1）の例を続ければ，「自炊か外食か，惣菜購入や他人のレシピ頼りか」を超えた，「今日は誰かに作ってもらおう」，「一食抜こう」といった，前提そのものの転換や見直しに近い。

2. 教師によるカリキュラム研究の方法

前節で述べた通り，カリキュラムと教師との関係は一様ではない。本章のタイトル「教師によるカリキュラム研究」も，教師の立場性によってとらえ方に違いがあり，多様な問いや接近法（アプローチ）がある。

教師がカリキュラムの「使い手」であれば，研究上の関心は「どう使うか」や「いかにうまく使いこなすか」に注がれる一方，「何をどう作るか」は問われにくい。「作り手」の場合，「何をどう作るか」や「うまく作れたか」が主な問いとなるが，「なぜ作るか」は問いようがない。これが「遣り手」となると，「『何をどう作るか』を，組織的にどう行うか」や，「そもそも作る必要があるのか」などへと，研究上の関心が移行する。各々の立場が教師に求める専門性は明らかに異なるため，唯一絶対の研究方法はない。

本節では，教師によるカリキュラム研究の方法を，三つ紹介する。それぞれ，カリキュラムをどうとらえるかに対応しており，いわば「カリキュラム観」と不可分な関係にある。

（1）国家や行政のカリキュラム

カリキュラムを巨視的に「マクロレベル」でとらえた場合，国家や行政当局による施策が主な研究対象となる。学習指導要領に代表される教

育内容の国家基準，各種法規や制度，教育内容に関する教育委員会の組織や運営が，対象の例として考えられる。

　これらの対象を教師が研究する場合，各種行政文書の収集が必須である。近年は，インターネットによる資料収集が容易である。文部科学省のサイトでは，各種の通達・通知や審議会の答申に加え，近年の審議会の議事録も公開されている。審議会の議事録は，発言者が明記されている場合も珍しくない。教育委員会も，広報紙やインターネットを用い，情報公開に努めている。情報の閲覧や開示請求も，一手段である。

　現在に限らず，過去のカリキュラムに関する施策を対象とする場合もある。学習指導要領であれば，大学図書館などに現物や復刻版が所蔵されており，インターネット上のデータベースで「(試案)」期からの全文検索もできる。後者の場合，検索機能を使えば，たとえば「道徳教育」という語がいつの学習指導要領から使われ始めたか，簡単にわかる。

　国外との比較となると，言語の壁があり，少し難しい。諸法規もさることながら，肝心の学習指導要領自体，外国語訳が公的には存在しない。一部に「仮訳」はあるが，日本語以外の言語圏から学習指導要領に接近する場合，総じて困難な状況にある。教育課程行政に独特な言い回しも多く，言語の壁に加え，文化の壁も存在する。

　パソコンの高性能化やソフトウェアの進歩に伴い，行政文書を対象としたテキスト・マイニング（text mining）も行われる。テキスト・マイニングの原義は，「文章（text）から，お宝を掘り出す（mining：採掘)」ことを指す。文書資料の中で特徴的な語の「つながり」を図示し，意味内容を視覚化して扱える利点もある。有料や無料の各種ソフトウェアが開発されており，インターネット上で手軽に使えるものもある。

（2）教師のカリキュラム

　（1）とは対照的に，ミクロ（微視的）なレベルでカリキュラムをとらえる見方もある。最小単位を個人と考え，個々の学習者や教師にもカリキュラムが存在する，という見方である。履歴（curriculum vitae）としてのカリキュラム，ともいえる。よって，教師の職業経験や人生，

関連する職業観や教育観なども，対象として扱うこととなる。

　これらの対象は，行政文書を綿密に収集しても，まず扱えない。また，教師に限らず人間は，自らの経験や人生を，普段はさほど意識しない。そこで，経験を振り返る機会や場を意図的に設定し，資料として扱えるよう整える必要がある。このとき，学級通信，文集や指導案，退職後に編まれる「自分史」など，公的私的に教師が作成した文書を収集し分析する，質的な手法がある。より一般的な意識や傾向を探るため，質問紙調査やweb調査といった，量的な手法を使う場合もある。いずれの手法も，研究倫理として，個人情報の保護や守秘義務に関し，慎重に配慮しなければならない。学校の授業一つとっても，教師の私有物ではないため，研究対象として扱うには，原則的に設置者や管理機関の許可を要する。この点，公開情報に基づく（1）とは，対応がやや異なる。

　教師のカリキュラムを研究する方法は，二つに分けられる。教師が自分自身を対象とする場合と，他の教師を対象とする場合である。初めから客体（対象）として存在する後者に比べ，前者を扱うには，一手間かかる。人間の顔を見て絵を描く場合，巧拙はともかく，他人の顔は描ける。では，自分の顔はどうか。自分の顔は自分で直接見られないため，手で触るか，鏡や写真といった道具の使用が必須である。同様に，自分自身を対象とする場合，「客体化」（対象化）の手続きが必須となる。各種の記録や資料を要するし，関係者の証言も有益である。手続きの「客観化」を目指すあまり，質問紙調査や統計処理に執着する向きも見かけるが，日記や日誌，写真やメモといったごく日常的な資料も，十分有効である。近年では，各種SNSやブログ，電子メールなども，個人的な資料に含まれうる。

　教師のカリキュラムを対象とする際，ライフコース研究，ライフヒストリー研究や，ライフストーリー研究が注目される。これらの詳細は本稿の範囲外なので，諸文献（グッドソン訳書　2001；浅野　2004；大橋2007；村井　2014など）を参照してほしい。ただ，いずれも「ライフ」（"life"）が含まれる。この語は「生活」のほか，生命や生涯，人生という意味もある。研究関心により濃淡はあるが，概して教師の個人的な経

験や，その「語り」（narrative）に注目する特徴がある。経験や「語り」
の背景として，（1）と組み合わせることもできる。

（3）組織や学校のカリキュラム

　国家基準に代表されるマクロなカリキュラム，教師個人の職業経験に
代表されるミクロなカリキュラムのほか，両者の中間レベルのカリキュ
ラムがある。すなわち，教師が所属する学校や地域，活動する団体とい
った，各種組織のレベルである。これを「メゾレベル」（meso/mezzo
level）という。学校の音楽で習う「メッゾフォルテ」（mf, mezzo
forte）を想起してほしい（余談だが，近年の学校は「メゾ」ではなく，
「メッゾ」を用いる）。

　（1）や（2）に比べ，このレベルのカリキュラムは，教師にとって
もっともリアルかもしれない。個人塾や家庭教師の類を除くと，組織や
学校に所属しない教師は，想定が難しい。全児童数一ケタの超小規模校
でも，教員一人では学校にならない（例：学校教育法第37条「小学校に
は，校長，教頭，教諭，養護教諭及び事務職員を置かなければならな
い」）。ゆえにこのレベルは，（1）および（2）と必ず関係がある。学
校の授業を例にとれば，制度的な基盤に当たる学習指導要領の記載事項
や検定教科書（および関連諸法規），免許状や採用手続きに加え，教師
個人の経験や考え方も含まれ，さらに勤務校独自の事情（地域や歴史，
慣行）も影響する。国家や行政当局同様，組織や学校には，各種のルー
ルやそれらを成文化した資料がある。公的な会議や研修，採用などを通
じ，教師を社会的に統制する仕組みもある。他方で，教師自らが経験に
基づき授業を工夫したり，組織運営上の意思表示や提案を行ったりする
場もあるし，それらを経て教師に形成される印象や感情もある。

　要するに，このレベルには公式・非公式な情報が大量に存在し，日々
産出され，時間とともに推移する。ゆえに，メゾレベルのカリキュラム
を対象とする手法は，多種多彩となる。（1）で紹介した行政資料や公
的文書の収集と分析，（2）で紹介した教師個人への注目も，もちろん
採用できる。さらに，学校による組織的な実践を，事例（case）として

扱う手法もある。文書資料やインタビュー，質問紙調査に加え，フィールドワーク（field work）やエスノグラフィ（ethnography，民族誌的方法）といった，観察と記録を駆使する手法も，よく知られる。

3. 教師がカリキュラムを対象に研究する際の要点

本章のまとめとして，教師がカリキュラムを対象に研究する際の要点を論じる。前章第3節で，制度的な背景や歴史への注目，および実践の対象化・客体化について述べた。さらに具体的な作業として，「実践の略年表の作成」，および「先行実践の収集と分析」を，それぞれ例示した。続く本章の要点は，「教師である自分とカリキュラムとの関係を明示し，実践をカリキュラムのレベルで把握するが，研究倫理に配慮しなければならない」，と整理できる。

（1）自分とカリキュラムとの関係を明示する

本章第1節で，カリキュラムと教師との関係を，「三つの手」に分類した。修士論文を執筆する場合，ここに「書き手」と「読み手」が加わる。草稿の執筆時は「書き手」＝「読み手」だが，草稿を指導教員が読んだり，研究会で他の大学院生からコメントをもらったりする場合，「書き手」≠「読み手」となる。経験上，修士論文の水準は，この「書き手」≠「読み手」関係の量と質に左右される。

さて，ある特徴的なカリキュラムの実践について，教師が修士論文を書く場合を想定する。前章第3節の作業の通り，そのカリキュラムに関する略年表を作成し，類似の先行実践の収集と分析も済ませたとする。この段階で読み手が知りたいのは，a）「修士論文の書き手は教師か否か」，b）「修士論文の書き手とそのカリキュラムとはどういう関係か」，およびc）「書き手はそのカリキュラムにどう携わったか」，である。

一般に，文字で書かれたものには，「他人も読めるが，誰が読むかはわからない」という性質がある。修士論文も同様で，教師だけが読み手とは限らない。よって前述のa）は，「教師以外の読み手も想定して書

かれているか」に近い。ゆえに，業界用語や教師特有の感覚は，教師以外の読み手にも理解できるよう，書き手が解釈や説明を加える必要がある。次のb）は，意外とおろそかにされがちである。書き手は第三者的な報告者なのか，そのカリキュラムの当事者や関係者なのか，a）と併せて明記すべきである。このb）が第三者的な報告者の場合，次のc）は不要である。最後のc）は，本章第1節の「三つの手」によれば，書き手はそのカリキュラムの「なに手」か，と言い換えられる。まずa）とb），それから必要に応じてc）と続けて論じれば，読み手は理解しやすいだろう。

　具体的には，修士論文に「研究の課題と方法」といった章や節を設け，そこに前述a）からc）を明記すべきである。特徴的なカリキュラムの実践を述べる前に，書き手（教師）の立場性を示すわけである。この「研究の課題と方法」は，「文献を調べる」，「質問紙調査を行う」，「事例を検討する」といった作業だけでなく，書き手がどういう立場でどんな対象にどう迫るのか，その前提や接近法（アプローチ）を記す，重要な部分である。各種の論文を読む際は，ここに注目してほしい。

（2）実践をカリキュラムのレベルで把握する

　本書他章の通り，カリキュラムという概念は多様化しており，使用者の関心によって意味内容が異なる。ゆえに書き手は，どういう意味で「カリキュラム」という語を使っているか，努めて明記しなければならない。読み手の考えるカリキュラムと，書き手の前提とするカリキュラムが，同じ意味とは限らない。事実，教育関係者の間でも，「カリキュラム＝時間割」という表面的な理解は，珍しくない。

　本章第2節によれば，修士論文で対象とするカリキュラムは，マクロ・ミクロ・メゾのどのレベルなのか，書き手が把握しなければならない。研究の対象がはっきり定まれば，妥当な方法を決めやすい。対象を決めてから方法へ進むほか，自分の得意な方法から対象を模索する流れもある。実際の執筆過程では，まず手持ちのデータや材料を整理し，その結果を見て扱いやすい対象を絞り込む場合もある。方法を一から学ん

で，新たな対象に挑むこともできなくはないが，相応の手間や時間，コストを覚悟しなければならない。

　他方で，対象と方法とがうまく合わない場合もある。国家レベルのカリキュラムを対象としながら，方法として一教師の「語り」を採用するような例である。この例は絶対に不可能とはいえないし，研究上の意義もあるが，研究を同時に二つ，いや，三つ行うようなものである。国家レベルのカリキュラムを把握し，その一方で一教師の「語り」を収集し，さらに両者の統合や接合を図るからである。研究者のライフワークとしては興味深いが，提出期限のある修士論文では，共倒れや総崩れが懸念される。対象と方法の組み合わせは，入念に考えるべきである。

　具体的には，まず手持ちのデータや材料の整理をお勧めする。この作業を，私は「棚卸し」と呼んでいる。前章第3節（1）「実践の略年表の作成」の作業と同様，年表形式でまとめてみてほしい。「実践の略年表の作成」は，事実や経緯に即した記述となるはずである。「棚卸し」により，それらに対応したデータな材料があるかどうか，いわば経験の「在庫」を確認できる。この時点で，修士論文の「付録」，「巻末資料」（appendix）の候補を考えてもよいだろう。本章第2節で述べた通り，「在庫」に当たるデータや材料は，多種多様である。手持ちのデータや材料が少ない場合，どこからどう収集するか考え，作業しなければならない。

　「実践の略年表の作成」と「棚卸し」とを照合すれば，前述した対象と方法との組み合わせを検討できる。修士論文の対象としたいカリキュラムに対し，手持ちのデータや材料が乏しい場合，対象そのものを再考する必要がある。本章第2節（2）の「語り」のように，後から入手できる場合もあるが，データや材料を集めただけで終わらぬよう，留意する必要がある。通常は作業時間に比例して資料が増え，文字通り溜まっていく。ゆえに，それらすべてを修士論文としては使えない，という割り切りも必要である。「棚卸し」により手持ちのデータや材料を把握すれば，追加入手すべき資料を確認できる。ただし，後者は最小限にとどめるべきである。

（3）研究倫理に配慮する

　論旨を一貫させるため，ここまで主に「教師」について論じてきた。議論の大半は，広くカリキュラムの実践に携わる個人にも適用できる。教育委員や指導主事など教育行政の関係者，教育実習生や特別支援教育の支援員，地域住民や保護者などの各種ボランティアやゲスト・スピーカー，学童保育などの支援員も含まれる。塾や予備校の講師，民間教育産業や各種教育団体の関係者も，カリキュラムに携わる実践者である。

　個人の置かれた立場により，カリキュラムについて入手しやすい情報や資料は，当然異なる。各種の個人情報や私的な文書，部外秘の資料も，当然ありうるだろう。

　ここで重要なのは，研究倫理への配慮である。とりわけ，教師が自らの実践を対象に修士論文を書く場合，慎重を期す必要がある。すなわち，「教育実践を論文にする場合，医療など他分野と同様，『説明と同意』，および『匿名化』の手続きを明記すべきである。ある教育実践が論文として公刊された結果，将来にわたり関係者や協力者に不利益が生じてはならない」（根津　2016：85〜86）。この引用は，学術雑誌の投稿論文を念頭に置くが，基本的には修士論文も同じである。論文の執筆が宣伝や広報を兼ねる場合，匿名よりも実名が望ましいが，それでも「説明と同意」の手続きは省略すべきでない。

　具体的な手立てとして，所属機関による研究倫理講習の受講が必須である。大学院生向けの講習が義務づけられ，研究倫理講習を受けないと修士論文を提出できない分野もある。また，次の問いへの答えを，修士論文の本文や注に記す必要がある。すなわち，「教育実践に関わる児童生徒や保護者に，『説明と同意』の手続きを行ったか。管理職から調査研究の許可を得たか。業務の過程で入手した資料を，無断で研究へと流用していないか。学校や個人を特定できる情報を匿名化したか。（中略）関係者に草稿の確認を依頼し，公表に同意を得たか」（同：86）。教職員の場合，いわゆる「守秘義務」の違反は，論外である。

　さらに，教育雑誌の記事など自著の公刊物がある場合，「自己剽窃」（じこひょうせつ）に注意しなければならない。「一度公刊されたら，自

128

分が書いた文章であっても，他者の文献と同様，引用元を明示して扱わ
ねばならない」（同）。これを怠ると，たとえ自著であっても，不適切な
引用や剽窃（盗用）と判断される場合がある。結果，修士論文の内容以
前に，研究倫理の問題があるため審査されなかったり，審査後でも，学
位を取り消されたりしかねない。（2）の「棚卸し」は，この種の問題
を回避するための基礎作業でもある。

引用文献

浅野信彦（2004）「教師教育研究におけるライフストーリー分析の視点—学校の組
　　織的文脈に焦点をあてて—」『文教大学教育学部紀要』38，83〜93.
アップル，M. W.，浅沼茂・松下晴彦訳（1992）『教育と権力』日本エディタースク
　　ール出版部。
大橋隆広（2007）「教師のライフヒストリーから見るカリキュラムの変容」『広島大
　　学大学院教育学研究科紀要』（第三部）56，109〜115.
川合章（1960）「教育課程の自主編成」『文学と教育』16，1〜9.
川口広美（2014）「教師による社会系教科カリキュラム設計方法論の構築—高校日
　　本史カリキュラム開発共同研究を事例として—」『社会科研究』80，9〜20.
グッドソン，I. F.，藤井泰・山田浩之編訳（2001）『教師のライフヒストリー——「実
　　践」から「生活」の研究へ—』晃洋書房。
Joseph, P. B.（2010）"Deskilling", in Kridel, C.（ed.）, *Encyclopedia of Curriculum
　　Studies*, Sage, 283〜285.
長尾彰夫（1981）「新カリキュラムの成立と展開」扇谷尚・元木健・水越敏行編『現
　　代教育課程論』有斐閣，49〜63.
日本教職員組合編（1976）『教育課程改革試案』一ツ橋書房。
根津朋実（2016）「教育実践をどのようにして研究論文にするか」日本学校教育学
　　会編『これからの学校教育を担う教師を目指す　思考力・実践力アップのための
　　基本的な考え方とキーワード』学事出版，84〜90.
村井大介（2014）「カリキュラム史上の出来事を教師は如何に捉えているか—高等
　　学校社会科分化の意味と機能—」『教育社会学研究』95，67〜87.
文部科学省（2017）『小学校学習指導要領』。

米村まろか（2001）「ティーチャー・プルーフ・カリキュラム」日本カリキュラム学会編『現代カリキュラム事典』ぎょうせい, 162.

◉学習課題 ────────────────────────────

1．自分が携わった実践について，次の三点に答えてみよう。

　a）実践の書き手は教師か否か。

　b）実践の書き手とそのカリキュラムとはどういう関係か。

　c）実践の書き手はそのカリキュラムにどう携わったか。

2．手持ちのデータや資料，これまでの発表や書いたものをリスト化し，実践の「棚卸し」をしよう。

3．研究倫理について理解を深め，所属機関の研究倫理講習を早めに受けよう。

10 | 教科カリキュラム

根津　朋実

≪**目標＆ポイント**≫　教科のカリキュラム研究の動向を整理しながら，注目される研究成果をもとに，その理論と実践の研究に必要な視点を検討する。
　まずカリキュラムにおける教科の意義を確認し，カリキュラムの類型論を整理する（第1節）。次に，日本のカリキュラムの編成原理を検討し，教科の重要性を確認する（第2節）。併せて，近年の「資質・能力論」にも触れる。まとめとして，教科カリキュラムの理論と実践の研究に必要な視点を論じる（第3節）。
≪**キーワード**≫　類型論，教科再編，コンピテンシー

1.　カリキュラムの類型論と教科

　カリキュラムと教科とは，密接な関係にある。教科の集積体をそのままカリキュラムとする見方は，今日でもひじょうに根強い。英語圏でも，"curriculum"という語を，教科と同義に用いる場合がある。"Extra-curricular activities" という語句や，その訳語「教科外活動」・「特別活動」が，典型的な例である。この語句の原義は，「"curriculum" にとって余分な・特別の（"extra"）活動」である。では，何から見て余分で特別かといえば，本来教えられるべき教科から見て，ということである。このように，"Extra-curricular activities" という語句の "curriculum" は，教科やその集積体を指すと考えられる。実際，「教科課程」という語もある。

　本章は，カリキュラムの一要素として教科を扱う。次章で述べる通り，カリキュラムには教科外の内容も含まれうるため，教科だけでカリキュラムが構成されるとは限らない。事実，日本の「教育課程」も，教科だけでは編成できない。また，「教科が存在しない＝カリキュラムが

ない」かというと，そうとも言い切れない。幼稚園に代表される幼児教育や，大学を想起すればよい。前者は「生活」や「経験」が，後者は「学問」や「専門」が，それぞれカリキュラムの主な要素となる。

　以下，前提として「教科」の定義を確認し，カリキュラムの類型論へと進める。

（1）教科とは何か

　そもそも，「教科」とは何だろう。教科の歴史や展開，要不要を論じる前に，まず何が「教科」と呼ばれてきたのか，その基本を確認すべきだろう。以下の引用は，いずれも教育関係の辞典・事典からの抜粋で，ゴシック体で見出し語を示した。

教科　学問，技能，及び芸術などの文化遺産を教育目的に従って区分し，学習者に理解しやすいように再構成されたものをいう。

（田中　2005）

教科・科目　科学，技術，芸術などの文化の各領域に対応した教育内容の区分を現在では「教科」という。古くは「学科」，「教科目」とも呼ばれていた。

（大田　2008）

　二つの定義には，語「文化」，「教育」，「区分」が重なる。＜教育のために文化を区分したものを教科と呼ぶ＞といった，共通の認識を読み取れる。ここで重要なのは，「教育」である。「教育」の場で，「教育」のために用いるから，「教科」なのである。「教育」抜きの＜文化を区分したもの＞は，「専門」や「学問」と大差ない。また，田中（2005）の定義は語「遺産」，「目的」，「学習者」，「再構成」，大田（2008）は語「領域」，「内容」に，それぞれ特徴がある。これらは学術的な「教科」の定義であり，制度的な「教科」の定義は，また別となる。

　管見の限り，現行の諸法規に教科・科目の種類や教科用図書（教科書）に関する条文はあるが，「教科」そのものの定義はない。1947（昭

和22）年の学校教育法には，「小学校の教科に関する事項は，第十七条及び第十八条の規定に従い，監督庁が，これを定める」（第二十条。下線は引用者）とあった。本稿執筆時（2019年春）の同法では，「小学校の教育課程に関する事項は，第二十九条及び第三十条の規定に従い，文部科学大臣が定める」（第三十三条。下線は引用者）と，「教科」ではなく「教育課程」となっている。また，本稿執筆時の学校教育法施行規則には，よく知られた次の条文がある。

第五十条　小学校の教育課程は，国語，社会，算数，理科，生活，音楽，図画工作，家庭，体育，及び外国語の各教科（以下この節において「各教科」という。），特別の教科である道徳，外国語活動，総合的な学習の時間並びに特別活動によつて編成するものとする。

　これらの条文は，教育課程の中身，教科の種類やその監督者を記すが，教科そのものの定義を示すとはいえない。「教科にはどんな種類があって，それを誰が決めるのか」という問いには答えられるが，「そもそも教科とは何か」という本質的な問いには，十分答えられていない。

　現実には，「新しい教科が登場する」場合がある。引用中の「特別の教科である道徳」や小学校高学年「外国語」があるし，少し前なら高等学校「情報」や小学校低学年「生活」もそうである。以前は存在した教科，外国にあって日本にない教科（逆も），私立学校のみの教科もある。

　以上の整理から，前の二つの定義に，次の事項を付加できる。すなわち教科は時代や地域で異なり，その定義は日本の法規に見られない，と。

　ここまでの議論によれば，見出しの問い「教科とは何か」には，「教科は社会的な構成物である」と解答できる。何が教科とされるかは，時代や社会によって変わる。ゆえに，新しい教科の登場や従来の教科の見直しは，時代や社会の変遷を反映する。同時に，その新しい教科や従来の教科の見直しが，理想的には次の時代や社会を形成することとなる。

（2）カリキュラムの類型論

　教科は社会的な構成物である。同様に，カリキュラムも社会的な構成物である。実際，万国共通で唯一不変のカリキュラムは存在せず，さまざまなモデルや型が考案されてきた。文献や論者により，カリキュラムの類型や用語さえも異なる（元木　1981；柴田編　1994；天野　2001など）。

　そこで複数の文献を参照し，試みにカリキュラムの類型を表10-1に整理した。表10-1は，次の一次元の配置を意識して作成した。すなわち，一極に教科カリキュラム，他極に経験カリキュラムを配し，その中間に他の類型を並べる配置である（安彦　2002：17；山田　2003：21～26）。見出しの「名称」，「特徴」，「関連事項」は各種文献の記載を参照してまとめ，右列の「キーワード」は筆者が独自に付け加えた。

表10-1　カリキュラムの類型の整理

	名称	特徴	関連事項	キーワード
学問中心カリキュラム	教科カリキュラム（subject curriculum）	学問に対応した教科・科目を設定。古くギリシア時代まで遡及可能	中世「七自由科」，文化遺産，学問中心主義，学問中心カリキュラム	学問体系 専門，系統 伝統 論理，抽象
	相関カリキュラム（correlated curriculum）	別名：関連カリキュラム　教科を残し，複数教科の部分的内容を相互に関連づける	例：電気（理科と技術科），生命（理科と保健）	教科・科目間の関連
	融合カリキュラム（fused curriculum）	教科の学習を中心とするが，教科間の境界を廃する	例：社会科（地理，歴史，公民），理科（物理，化学，生物，地学）	教科を広く総合し再編
	広域カリキュラム（broad-field(s) curriculum）	別名：広領域カリキュラム　教科より広い「領域」区分を採用	例：大学の「人文科学」「自然科学」「社会科学」	教科の撤廃 領域化 総合 教養
人間中心カリキュラム	コア・カリキュラム（core curriculum）	1930年代からアメリカ合衆国で実践，中心課程と周辺課程が同心円状に位置づく	中心統合理論，ヴァージニア・プラン，合科教授（ドイツ）	小学校 戦後日本の各種プラン
	経験カリキュラム（experience curriculum）	20世紀前半のアメリカ合衆国で登場，生活経験や問題解決を重視	児童中心主義，プロジェクト・メソッド，進歩主義教育，デューイ，J.	経験，活動 総合，状況 時事問題 発達，具体

元木（1981：4～5），天野（2001），安彦（2002：16～19），山田（2003：26）により筆者作成。

また図10-1の通り，安彦（1979：80；2002：18）は，「主体—客体」，「分化—統合」を軸とし，カリキュラムの類型を構造化した。表10-1のような一次元の配置ではなく，二次元の構造を提案しており，興味深い。

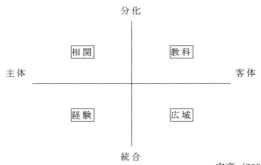

安彦（2002：18）による。

図10-1　安彦（2002）によるカリキュラム類型の構造化

　図中の四角囲みの語はそれぞれ，教科カリキュラム，広域カリキュラム，経験カリキュラム，相関カリキュラムを指す。これらは「古典的な類型」（安彦　2002：18）であり，表10-1の「融合カリキュラム」や「コア・カリキュラム」は含まれていない。表10-1によれば，融合カリキュラムは相関カリキュラムと広域カリキュラムとの中間に位置するので，図10-1では二軸の交点近くに位置する。同様に，コア・カリキュラムは広域カリキュラムと経験カリキュラムとの中間に位置し，軸「統合」を挟んで両カリキュラムの中間あたりに位置する，と考えられる。

　以上の整理から，「カリキュラムにおいて教科をどうとらえるか」により，さまざまなカリキュラムの類型が考えられてきた，といえる。

2. 日本のカリキュラムと「教科」

　ここまでの整理に基づき，まず，日本の「教科」とカリキュラム，具体的には現在の学習指導要領や教育課程との関連を，いくつかの学校段階ごとに述べる。次に，近年の「資質・能力」論を含め，カリキュラムの編成原理を簡単に紹介する。

（1）各学校段階に見る「教科」とカリキュラム

幼稚園　幼稚園は「学校」である（学校教育法第1条）。幼稚園の場合，図10-1の「経験カリキュラム」に近い。幼稚園の教育課程に「教科」はない。学習指導要領同様，教育課程の基準である幼稚園教育要領（文部科学省　2017）にも，語「教科」はない。「教科」ではなく「領域」が置かれ，「健康」，「人間関係」，「環境」，「言葉」，および「表現」の五つがある（同：11〜18）。「教科」と関連の深い語「学習」は4回用いられ，うち2回は小学校との関連で記載されている（同）。残る2回は「幼児の自発的な活動としての遊びは，心身の調和のとれた発達の基礎を培う重要な学習である」（同：3），「障害のある幼児児童生徒との交流及び共同学習の機会を設け，」（同：10）と，教科の学習とは関係が薄い。

小学校　小学校は，学年によって教科の性格が変わる。初等教育の6年間を，単一のカリキュラムで対応するのは難しい。前掲の図10-1でいえば，「統合」から「分化」へ，「主体」から「客体」へと進む。

　いわゆる低学年（第1・2学年）は，経験カリキュラムやコア・カリキュラム，広域カリキュラムに近い。低学年のみの教科「生活」は，特定の「親学問」を持たない。運動会や文化祭など，各種の学校行事や体験活動を中心に授業が行われる場合も，珍しくない。教科は存在するが，いわゆる学級担任制が広く採用される。

　中学年（第3・4学年）から高学年（第5・6学年）は，徐々に教科カリキュラムに近づく。新たに教科「理科」，「社会科」が導入されるが，科目はない。他方で，教科ではない「総合的な学習の時間」も置かれ，低学年の教科「生活」と接続する。中学年の「外国語活動」は教科ではなく，高学年の教科「外国語」の前段階に当たる。高学年では，教科「家庭」，および「外国語」が新たに登場する。地域により異なるが，高学年では教科担任制を部分的に用いる場合もある。ただし，小学校の教員免許は，教科別ではない。

中学校・高等学校　中等教育である中学校と高等学校は，相関カリキュラムや広域カリキュラムの様相を示しつつ，教科カリキュラムの度合いが強まる。図10-1でいえば，より「分化」，「客体」の方向へと進む。

　中学校と高等学校は，教科別の教員免許を前提とし，「国語」や「数学」のように同じ名称の教科がある。また高等学校には「学科」があり，専門的かつ多種多彩な教科・科目が存在する。高等学校は進路に応じて教科・科目を選ぶ場合があるが，現在の中学校で教科の選択は，ほぼないに等しい。他方で，中高ともに「総合的な学習（高等学校は探究）の時間」や特別活動が存在し，完全な教科カリキュラムとはいえない。

大学　大学のカリキュラムは，「教科」を「専門」や「学問」と読みかえれば，図10-1の大半を含むと考えられる。とくに近年は，「分化」，「客体」一辺倒ともいえない。教養教育の重視や，学際的な科目の導入が好例である。大学進学率の上昇や大学院の重点化施策との関連もあり，学士段階の教育は，ここ数十年で大きく変わった感がある。

　また，入学時に所属する「クラス」や「初年次ゼミ」は，学問に限らず，生活や経験の場でもある。学外のボランティアやインターンシップを推奨し，単位化する向きも珍しくない。分野によっては，短期留学や語学研修が必修となる。教員養成の教育実習や介護等体験実習も，「統合」，「主体」の側面を持つ。サークルや同好会，体育会などの存在から見ても，大学のカリキュラムは「分化」，「客体」だけとは言い切れない。

　学士教育の集大成として，最終学年には，卒業論文や卒業研究がよく置かれる。これらは学術的な成果物として，専門に「分化」した「客体」的な性格が求められる。他方でそれらは，指導教員を始め，他者との相互作用によって「主体」的に産出された，「統合」の証でもある。

まとめ　幼稚園から大学までを概観すると，日本のカリキュラムと「教科」は，形式上は次の関係にあるといえる。すなわち，教科と生活

や，主客未分化の「統合」された状態を起点に，初等教育を通じて「分化」と「客体」化が段階的に進む。中等教育で教科は科目に「分化」する一方，部分的に「統合」も維持され，それらは高等教育で包括される。

　「形式上」はこうまとめられるが，実態はまた別である。初等教育の教科担任制の普及，中等教育の特別活動や総合的な学習（探究）の時間などの「格差」，高等教育の高等学校化といった動向が注目される。中長期的に見れば，1970年代半ば以降，図10-1の「主体」，「統合」の方向へと緩やかに進んできた，といえる。その例として，「生活」および「総合」の広まりと定着や，近年の義務教育学校や中等教育学校といった学校段階の「接続」（articulation）への関心が挙げられる。

（2）カリキュラムの編成原理

　カリキュラムの編成原理とは，平たくいえば，教育の中身を組み立てる方針である。ここでは，カタカナ言葉で「コンテンツ・ベース」，および「コンピテンシー・ベース」と呼ばれる，カリキュラムの二つの編成原理を概観する。原語は "content-based"，"competency-based" であり，カタカナ言葉とは少し異なる。以下，両者を「内容論」，および「資質・能力論」と呼ぶ。なお，「資質・能力」論でいう「能力」は，生まれつきの力（"ability"）という意味ではないため，注意を要する。

内容論：コンテンツ・ベース　　教育の中身を組み立てる方針として，「何を教えるか」を重視する立場がある。先の図10-1でいえば，「分化─統合」の軸の右半分，すなわち「客体」の側に近い。この立場によれば，教科であれ教科以外であれ，「教えるべき内容」を重視して，カリキュラムが組み立てられる。国語や社会，物理や音楽といった教科・科目名は，「教えるべき内容」の要約や見出しに当たる。

　この立場のカリキュラムは，主として教科・科目により編成されるため，「教えるべき内容」を示す教科書や資料類が重視されるだろう。授業スタイルはいわゆる注入型かもしれないし，小グループによる活動型かもしれない。いずれにせよ，教授者側からすれば，「いつどうやって

何を教えるべきか」が，主な関心事となる。これを学習者側から見ると，「教えられた内容をどれだけ学べたか」が問われる。ゆえに学習評価は主に記憶再生型で，「教えられた内容」を正確に覚えないと解答できない。以上はやや誇張した例だが，多くの読者に思いあたる節があるだろう。

この立場の長所は，効率的かつ一斉に均質な内容を伝達でき，短期的な成果が明確にわかる。短所としては，教授者や学習者の主体性・創造性を欠き，批判的に思考できなくなるおそれが挙げられる。

| 資質・能力論：コンピテンシー・ベース | 教育の中身を組み立てる方針として，「何ができるようになるか」を重視する立場がある。先の図10-1でいえば，「分化―統合」の軸の左半分，すなわち「主体」の側に近い。この立場によれば，教科であれ教科以外であれ，「何ができるようになるか」を重視して，カリキュラムが組み立てられる。ゆえに，数学や技術，体育や英語といった教科・科目名は，それらを学ぶと「何ができるようになるか」を示す指標となる。

この立場のカリキュラムは，教科・科目よりも「何ができるようになるか」を中心に編成されるため，教科書や資料類は，参考程度にとどまる。授業スタイルは，学習者が何かを「できるようになる」ため，長期的な活動やプロジェクトが主となる。教授者側からすれば，「△△ができるようになるために，どう仕掛けるか」が，主な関心事となる。これを学習者側から見ると，「実際に何ができるようになったか」が問われる。ゆえに学習評価は記憶再生型よりも，実際のパフォーマンスや活動の記録，作品や成果物が重視される。生活科や総合的な学習（探究）の時間，特別活動などは，この立場に近い。また，「（○○）活動」や「××探究」などの語は，実技系に限らず，いくつかの教科・科目名にみられる。

この立場の長所は，学習者の興味や関心に基づき，発達段階に即して臨機応変に展開できるところにある。短所としては，非効率的で，教授者や学習者しだいで学習成果にばらつきが生じやすい。一発勝負のペー

パーテストにはなじまず，短期的な成果もわかりにくい。

近年の「資質・能力」論　昨今話題の「資質・能力」論は，「内容論」と対比させるとわかりやすい。前者はいわゆる修（習）得主義，後者は履修主義に，それぞれ近いともいえよう。考え方としては，「一年間でこの教科書を使って○○ができるようになりました」と，「一年間でこの教科書の内容をすべて授業で扱いました」との対比でもある。

　2017（平成29）年や翌年告示の学習指導要領では，「資質・能力」の育成がうたわれた。次の二つの記載を比較する。それぞれ，2008（平成20）年，および2017（平成29）年の，小学校学習指導要領による（第2章　各教科，第1節．国語，第1　目標）。

　国語を適切に表現し正確に理解する能力を育成し，伝え合う力を高めるとともに，思考力や想像力及び言語感覚を養い，国語に対する関心を深め国語を尊重する態度を育てる。（2008〈平成20〉年）

　言葉による見方・考え方を働かせ，言語活動を通して，国語で正確に理解し適切に表現する資質・能力を次のとおり育成することを目指す。
　（1）日常生活に必要な国語について，その特質を理解し適切に使うことができるようにする。〈（2）（3）は略〉〈2017（平成29）年〉

　同じ教科名「国語」の「目標」であっても，両者は明らかに書き方が異なる。前者に含まれていた内容は，後者で（1），（2），（3）へと整理された。また後者の場合，語「見方・考え方」で教科の性格を示し，目標として「資質・能力」の「育成」が明記された。前者にない語「言語活動」も注目される。国語に限らず，新しい学習指導要領では，ほぼすべての教科・領域で，「見方・考え方」と「資質・能力」が明記された。例外は，「特別の教科　道徳」である。
　教育課程編成の基準である学習指導要領に「資質・能力」が登場する前から，研究上の議論は進んでいた。関心のある読者は，国際的な動向

を述べた二宮ら（2004）や，学力論との関連に触れた石井（2016）を一読されたい。

3. 教科カリキュラムに基づく論文執筆の要点

本章のまとめとして，教科カリキュラムの理論と実践の研究に必要な視点を述べる。例として，「学校などで何らかの実践が行われ，教師として携わった経験がある。これを修士論文にまとめたい」という場合を考える。第8章第3節，第9章第3節から，次の作業は済んだものとする。

- ・実践の略年表を作成する
- ・関連する先行実践を収集し，分析する
- ・「研究の課題と方法」の箇所で，次の問いに回答する
  - a）「修士論文の書き手は教師か否か」
  - b）「修士論文の書き手とそのカリキュラムとはどういう関係か」
  - c）「書き手はそのカリキュラムにどう携わったか」
- ・手持ちのデータや材料を整理する（「棚卸し」）
- ・研究倫理への配慮を明記する

（1）実践と教科，カリキュラムとの関係を明示する

本章のキー・ワードは「教科カリキュラム」である。よって，まず当の実践と「教科」との関係を明示する必要がある。次に，「カリキュラム」における当該「教科」の位置を述べなければならない。

実践を扱った報告や論文を読むと，教科との関係が二通りあると気づく。一つは，特定の教科の実践をうたい，タイトルに記す場合である。たとえば，「理科の実践記録」である。このタイトルの資料だと，国語や音楽に関心のある読み手は，必読リストから外すだろう。もう一つは，一見，タイトルが特定の教科と結びつかない場合である。この例は，「高校生の食育」である。日本に「食」という教科はない。「高校生の食育」は，保健体育，公民，特別活動，総合的な探究の時間，そして

家庭科など，各教科・科目や領域で，多種多様に展開できる。高等学校であれば，学校設定教科・科目という可能性もある。ゆえに，「高校生の食育」というタイトルだけでは，どの教科で誰がどう扱うのか，第三者にはわかりにくい。

　そこで修士論文の書き手としては，次の二つの問いに答えなければならない。すなわち，「その実践と教科との関係はどうなっているのか」，および「その教科（実践）は，カリキュラム上どういう位置づけなのか」，という問いである。前の問いは，学習指導要領の扱いや，担当教員，校務分掌，教材や単元，成績評価に直結する。後の問いは，配当学年，必修・選択の別に加え，学年間や学校段階間の連携にも関わる。

　これらの問いに答え，実践の背景にある情報を充実させると，実践の置かれた「文脈」（context）や「状況」（situation）が明確となる。結果的に，実践の目的や意義が，読み手に伝わりやすくなる。

（2）実践した学校段階，編成原理を説明する

　ある教科の実践と一口にいっても，指す範囲は広い。それゆえ，実践が行われた学校段階や，その教科を含むカリキュラム全体がどういう原理で編成されたかを，明示する必要がある。

　教科「社会科」を例とする。この教科は複雑な歴史を持つ。第二次世界大戦後の日本の被占領期（この種の言葉自体，太平洋戦争や占領期など，さまざまである）を主に扱う際，ここ半世紀は「初期社会科」という専門用語も使われる。詳細は省くが，当時の占領政策や，道徳教育，家庭科，および特別活動の成立とも関係が深い。また，「社会科」は，高等学校から消えて久しい。高等学校「社会科」は，1989（平成元）年学習指導要領で，「地理歴史科」（世界史，日本史，地理）と「公民科」（現代社会，倫理，政治・経済）として再編された。併せて，教員の免許制度も変更された。以来30年経つが，現在も「高等学校の社会科」という枠組みを使う場合がある。地理歴史科と公民科を一体にとらえる意思表示といえるし，実際，高等学校「社会科」の教員免許保持者も教えている。他方で，中学校は2019年も「社会科」のままである。

142

　以上，書き手が前提とする「社会科」と，読み手が考える「社会科」とが一致しなければ，研究として成り立たない。これは他教科でも同じである。ゆえに，ある教科の実践を読み手に伝えるには，実践した学校段階や編成原理を明示する必要がある。前節の例に戻れば，高等学校の教科「国語」といっても，いつの学習指導要領かによって，教科の目標自体が違う。この違いは無論，検定教科書や入学試験，学習評価の違いに直結する。また，1998（平成10）年学習指導要領で導入された「総合的な学習の時間」は，ほとんどの学校段階や教科・領域に，多大な影響を及ぼした。同時期に学校週五日制も開始され，授業時数や教育内容が改められた。このように，ある教科の中身は，その教科固有の事情だけでなく，他の教科・領域の動向によっても左右される。

　本章第1節で述べた通り，教科は社会的な構成物である。数日や数か月では簡単に変わらないが，数年単位で見れば，必ず変化がある。加えて，同じ名称でも，学校段階によって指し示す内容が異なる。他教科・領域との関連も無視できない。ゆえに，学校段階や編成原理の明示は，読み手の理解を得るための最低要件といえよう。

引用文献

安彦忠彦（1979）『学校の教育課程編成と評価』明治図書。
安彦忠彦（2002）『教育課程編成論』放送大学教育振興会。
安彦忠彦（2009）「学校教育における『教科』の本質と役割」『学校教育研究』24，20〜31.
天野正輝（2001）「カリキュラムの類型」日本カリキュラム学会編『現代カリキュラム事典』ぎょうせい，16〜17.
石井英真（2016）「資質・能力ベースのカリキュラムの危険性と可能性」『カリキュラム研究』25，83〜89.
大田邦郎（2008）「教科・科目」原聡介編集代表『教職用語辞典』一藝社，145.
柴田義松編（1994）『教育課程』放送大学教育振興会。
田中統治（2005）「教科」辰野千壽編『最新　学習指導用語事典』教育出版，33.

二宮皓・中矢礼美・下村智子・佐藤仁（2004）「Competency-Based Curriculum に関する比較研究」『カリキュラム研究』13，45〜59.

元木健（1981）「教育課程の編成と研究の課題」扇谷尚・元木健・水越敏行編『現代教育課程論』有斐閣，1〜13.

山田恵吾（2003）「教育課程の成り立ちと基本構造」山田恵吾・藤田祐介・貝塚茂樹『学校教育とカリキュラム』文化書房博文社，14〜34.

◉学習課題

1．自分が携わった実践と教科との関係，およびその実践のカリキュラム上の位置づけを確認し，書き出してみよう。

2．自分が携わった実践について，学校段階や編成原理を明記してみよう。

11 | 教科外カリキュラム

根津　朋実

≪目標＆ポイント≫　教科以外のカリキュラム研究の動向を整理しながら注目される研究成果をもとに，その理論と実践の研究に必要な視点を検討する。

まずカリキュラムにおける「教科外」の意義を述べる（第1節）。次に，各領域の動向を概観する（第2節）。まとめとして，教科外カリキュラムの理論と実践の研究に必要な視点を論じる（第3節）。

≪キーワード≫　教科と領域，道徳教育，特別活動，総合的な学習（探究）の時間，外国語活動

1.「教科外」への注目

「教科外」とは，不思議な言葉である。文字通りなら「教科でないこと」を指すが，教科が何か定まらないと，教科外も決められないことになる。逆に，教科外があるので，教科が成立するともいえる。本章で扱う「教科外カリキュラム」は，前章の「教科カリキュラム」の議論と不可分である。「教科外」の意義は，まさに「教科ではないこと」にある。

（1）教科と教科外

前章で述べた通り，教科の集積体をそのままカリキュラムとする見方がある。たとえば，"Extra-curricular activities"は，「教科外活動」や「特別活動」と訳される。ここでいう"curriculum"は，教科やその集積体を指すと考えられる。この見方によれば，「教科カリキュラム」は「武士の侍」と同じ重言（重ね言葉）であるし，「教科外カリキュラム」に至っては，矛盾した表現ととれる。

よって「教科外カリキュラム」を論じるには，二つの前提を要する。

　第一に，「カリキュラム」概念を，次の通り広げなければならない。すなわち，カリキュラムは教科やその集積体に加え，教科ではないが教育活動として認められる内容や活動も含む，と。カリキュラムを教科の集積体に限定すれば，教科外は直ちに「課外」となり，学校で本来行うべき教育活動なのかという議論が生じる。また，前章第２節（１）で確認した通り，日本の幼稚園に「教科」はない。ゆえに「教科外」も当然ないが，教育課程は存在する。さらに，特別活動や総合的な学習（探究）の時間，外国語活動，そして往時の「道徳」と，日本の教育課程には「教科外」の内容が綿々と位置づいてきた。

　「教科外カリキュラム」を論じる第二の前提は，教科と教科外との関係について，双方の動態や力学（dynamics）を考慮することである（山口　2000）。かつて教科でなかった事柄がある時点から教科になったり，逆に教科だった事柄が何らかの事情で教科から外れたり，教えられなくなったりする場合がある。関連して，ある内容が正規の教育課程に位置づけられることを，"curricularization" と呼び，「教育課程化」（同：7）や「課程化」と訳される。新しく教科にすることを「教科化」と呼ぶなら，教科ではない領域として位置づけることは「領域化」と呼べる。いずれも，教育課程化の下位概念に当たる。数十年単位で見れば，教科・科目の改廃や再編は，珍しくない。

　教科でなかった内容が教科化された例として，近年の「特別の教科である道徳」（「特別の教科　道徳」，道徳科）がある。道徳の領域化と教科化は，次節で述べる。なお，報道などで道徳の「格上げ」と表現する場合があるが，教科化は「格上げ」だろうか。教科や教育の内容に「格」をつけて云々するのは，文化の多様性に優劣をつける立場へとつながりかねない。「主要教科」という俗語や，逆説的に「周辺教科」をうたう書籍（小松ら　2012）もあるが，この種の「格づけ」語法には慎重を期すべきである。

　以上の二点は，教科の存在を自明視せず，相対化して扱う要件といえる。「教科外」への注目は，そのまま「教科」の問い直しを意味する。ひいては，教科や教科外を包摂する「カリキュラム」を問うことにな

る。つまり教科と教科外とは，コインの表裏のように，相互補完的な関
係にある。

（2）教科と領域

　「教科外活動」や「教科外教育」という表現は目新しくないが，現行
の法規に「教科外」の語はまず見当たらない。

　半世紀以上続く「特別活動」も，古くは小学校「教科以外の活動」，
中学校・高等学校「特別教育活動」から，小中高「特別活動」への変遷
がある。これらの創設，命名とその後の経緯には，被占領期の関係者に
よる回想（大内　2001）が参考となる。

　被占領期，"extra curricular activities" を「課外活動」と訳すと教育
現場から軽視される旨を文部省側は懸念し，「特別教育活動」という新
しい日本語を創造し，英語訳を "special curricular activities" とした
（同：81）。この造語は，当時の CIE（民間情報教育局，Civil Informa-
tion and Educational Section）の初等教育担当者に否定された（同）。理
由は，「"special curricular" では "special education（特殊教育）" のカ
リキュラムと混同される恐れがある」（同）からだった。引用中「特殊
教育」は，現在の特別支援教育（special needs education，SNE）に当
たる。結果的に文部省側が和製英語 "extra-subject activities" を提案し
たところ，CIE 担当者は「それなら解ると言って，しぶしぶとではあっ
たが，ようやくお許しが出た」（同）。引用中の "subject" は教科を意
味するので，"extra-subject activities" は直訳で「教科外活動」となる。
教育課程の外を意味し，「課外活動」と訳される "extra(-)curricular ac-
tivities" ではなかったところが，ここでは重要である。

　関連して，語「領域」も，複数の用法がある。第一に，「教科と領
域」のように，教科以外のものを指す意味で「領域」が用いられる。こ
の場合，教科は領域と対比される。以下に例を示す。

　小学校における外国語活動の目標や内容を踏まえれば一定のまとまりをも
って活動を行うことが適当であるが，教科のような数値による評価にはなじ

まないものと考えられることから「教科」ではなく「領域」としての位置付けとなった。 　　　　　　　　　　　　　　　　　　（文部科学省　2017 a：14）

　第二に，教育課程の中身を区別する意味で，「領域」が用いられる。次の例がある。

　（引用者補足：昭和）三十三年の措置によって教育課程は，従来の教科・教科外活動の二領域を，各教科，道徳，特別教育活動，学校行事等の四領域に明確化し，年間授業時数の最低を示し，かつ教育課程の基準として学習指導要領を文部大臣が公示することとなった。 　　　（文部省　1972：828）

　この用法の場合，教科も教育課程を構成する一「領域」となり，総合的な学習（探究）の時間や特別活動などと並置される。
　第三に，個別教科の内容区分を指す意味で，「領域」が用いられる。この場合，一教科の中に複数の領域が置かれる。たとえば，小学校の国語科には，「話すこと・聞くこと」，「書くこと」および「読むこと」の各領域がある。
　教科外を扱うことは，教科を考えることと不可分である。ゆえに，教科外カリキュラムを論じる場合，教科と教科外との関連，教育課程における構造や構成，そして「領域」に代表される各種の用語に，留意する必要がある。

2. 各領域の動向の概観

　以下，教科化された「元領域」を含め，戦後の小中学校の代表的な教科外活動に関し，四領域の動向を概観する。四領域の並びは，「学習指導要領に領域として記載された順」，つまり「領域化」の順である。

（1）道徳
　領域「道徳」の成立，すなわち「道徳の領域化」を表11-1-1，その「教科化」を表11-1-2に，それぞれ簡単に整理した。

148

表11-1-1　領域「道徳」の成立に関する略年表

年　月	記　事
1945（昭和20）年 12月31日	GHQ（連合国軍最高司令官総司令部）「三教科停止指令」，修身・日本歴史・地理の即時停止
1947（昭和22）年 3月20日	『学習指導要領一般編（試案）』刊行
1951（昭和26）年 1月4日	教育課程審議会『道徳教育振興に関する答申』（国民形成の道徳教育開始を提案）
1953（昭和28）年 8月7日	教育課程審議会『社会科の改善に関する答申』（社会科教育の問題点の認識，社会科と道徳教育との関連を述べる）
1958（昭和33）年 3月15日	教育課程審議会答申『小学校・中学校教育課程の改善』（道徳の時間の設置，学習指導要領の法的拘束力確保）
3月18日	文部次官通達『小学校，中学校における「道徳」の実施要領について』（文初初第180号，同年4月より特設道徳開始）
8月28日	学校教育法施行規則の一部改正（文部省令第25号），『小学校学習指導要領　道徳編』，『中学校学習指導要領　道徳編』告示（9月1日施行）
10月1日	『小学校学習指導要領』，『中学校学習指導要領』告示・施行（8月28日の両告示分は廃止）

増田（1988），水原（1992）を参照し，筆者作成。

　表11-1-1中，1947（昭和22）年の学習指導要領一般編（試案）の前提は「教科課程」であり，教科だけが存在した。すなわち当時は，領域「道徳」も「特別活動」もなかった。筆者が確認したところ，この学習指導要領一般編（試案）に語「道徳」は次の3件あるが，「道徳教育」の語はない。また，これらは修飾語や一般名詞としての「道徳」であり，学校で教える対象や内容としての「道徳」という意味は，あまりない。

　1．人の生活の根本というべき正邪善悪の区別をはっきりわきまえるように
なり，これによって自分の生活を律して行くことができ，同時に鋭い道徳
的な感情をもって生活するようになること。
　（「一　個人生活については」「第一章　教育の一般目標」，下線は引用者）

　9．広く世界の歴史，地理，科学，芸術，道徳，宗教などの文化について
その特性を理解し，世界とともに平和をきずき，国際的に協調して行く精神
を身につけること。
　（「三　社会生活については」「第一章　教育の一般目標」，下線は引用者）

　学習には科学的な考え方，数理的な考え方，道徳的な判断，家事処理の考
え方といった考え方の理解を目ざすものがある。
　（「（一）知識と考え方の考査」「二　如何にして考査するか」「第五章　学
　習結果の考査」，下線は引用者）

　以上の経緯は，戦後の修身・日本歴史・地理の三教科停止，および新
教科「社会科」の成立と，不可分である。手荒くまとめれば，戦後初期
の「社会科」は道徳や教科外の諸活動に関する内容も含んでいたが，占
領の終結と前後して「社会科」が改編され，1958（昭和33）年から「道
徳」が領域として別扱いとなった，といえよう。それぞれの理由や方向

表11-1-2　領域「道徳」の教科化に関する略年表

年　月	記　事
2014（平成26）年10月	中央教育審議会『道徳に係る教育課程の改善等について（答申）』（「特別の教科　道徳」設置へ）
2015（平成27）年3月	学校教育法施行規則改正，小中特の学習指導要領の一部改正（「特別の教科である道徳」設置，「考える道徳」・「議論する道徳」へ，同年4月から移行措置開始）
2016（平成28）年12月	中央教育審議会答申『幼稚園，小学校，中学校，高等学校及び特別支援学校の学習指導要領等の改善及び必要な方策等について』
2017（平成29）年3月	「道徳科」，初の教科書検定（小学校） 小中，学習指導要領の全面改訂（31日）
2018（平成30）年3月 　　　　　　　4月	「道徳科」，教科書検定（中学校） 小中，学習指導要領の移行措置開始 小学校，道徳科で検定教科書使用開始
2019（平成31）年4月	中学校，道徳科で検定教科書使用開始
2020（令和2）年4月	小学校学習指導要領，全面実施（予定）
2021（令和3）年4月	中学校学習指導要領，全面実施（予定）

文部科学省（2017b：1～9）を参照し，筆者作成。

性は，表11-1-1の1951（昭和26）年，および1953（昭和28）年の答申
にみられる（水原1992：300〜306）。1958（昭和33）年の「領域化」に
よる「特設道徳」導入も，学習指導要領本体の告示前に短期間で先行導
入された，といえる。

　表11-1-2は，道徳の教科化に関する近年の動向である。表11-1-1
から表11-1-2の間，半世紀以上にわたり，教科ではない領域として，
「道徳」は小中学校の教育課程に含まれてきた。表11-1-2からは割愛
したが，領域から教科への動きは，第一次安倍晋三内閣による教育基本
法改正（2006〈平成18〉年12月）のころから顕著になってきた。

　さしあたり，表11-1-2の中央教育審議会答申（2014〈平成26〉年）
を参照し，領域から教科への変更点を確認する。同答申は，当時の領域
「道徳」に関し，次の6点を「道徳に係る教育課程の改善方策」として
述べた。

（1）道徳の時間を「特別の教科　道徳」（仮称）として位置付ける
（2）目標を明確で理解しやすいものに改善する
（3）道徳の内容をより発達の段階を踏まえた体系的なものに改善する
（4）多様で効果的な道徳教育の指導方法へと改善する
（5）「特別の教科　道徳」（仮称）に検定教科書を導入する
（6）一人一人のよさを伸ばし，成長を促すための評価を充実する

中央教育審議会（2014：5〜17）

　6点中，教科化という関心からは，（1），（5），（6）が注目され
る。うち（1）は，他の教科とは異質な「特別の教科」の性格規定その
ものに関わる。少し長いが，引用する。

　道徳の時間については，学習指導要領に示された内容について体系的な指
導により学ぶという各教科と共通する側面がある一方で，道徳教育の要とな
って人格全体に関わる道徳性の育成を目指すものであることから，学級担任
が担当することが望ましいと考えられること，数値などによる評価はなじま

ないと考えられることなど，各教科にはない側面がある。このことを踏まえ，教育課程上も各教科とは異なる新たな枠組みとして「特別の教科」（仮称）を設け，学校教育法施行規則に位置付けることが適切である。

中央教育審議会（2014：5）

　引用から，「特別の教科　道徳」の特徴として，教科担任ではなく学級担任が担当する，数値評価はなじまない，以上2点を読み取れる。いずれも教育課程上，既存の各教科とは異なるので，「特別の教科」という「新たな枠組み」を設ける，という論理がうかがえる。現在「特別の教科」は一つだが，同じ論理に従えば，将来「特別の教科　○○」が増える可能性もある。

　（5）は，既存の各教科にある検定教科書制度を「特別の教科」にも適用し，文部科学省の道徳教育用教材「私たちの道徳」に替える趣旨である。ただし，「教科書のみを使用するのではなく，各地域に根ざした郷土資料など，多様な教材を併せて活用することが重要と考えられる」（同：15）ため，「国や地方公共団体には，道徳教育の教材の開発・活用のため，引き続き支援の充実に努めることが求められる」（同）とされる。

　（6）はおおよそ，「特別の教科　道徳」における児童生徒の評価の必要性，評価方法として総合的な評価の採用と数値評価の不適切性，指導要録の参考様式への記録欄設置，以上3点が示された（同：15-17）。とくに後の二つは，領域「道徳」からの大きな変更点である。

　本稿執筆は2019（令和元）年初夏である。教科としては日が浅い「道徳科」に関し，今後も動向が注目される。

（2）特別活動

　本稿執筆の時点で「特別活動」は，小中学校ともに，教育課程において教科ではなく領域である。表11-2に，関連する略年表を示す。
　表11-2から，次の内容を読み取れる。まずは「領域化」の経緯である。最初の学習指導要領（試案）に「特別活動」は存在せず，ほどなく

152

表11-2　領域「特別活動」に関する略年表

年　月	記　事
1947（昭和22）年３月	『学習指導要領一般編（試案）』刊行（教科「自由研究」を記す）
1949（昭和24）年５月	学校教育局長通達「『新制中学校の教科と時間数』の改正について」（発学261号）（中学校のみ教科「自由研究」を領域「特別教育活動」へと発展解消）
1951（昭和26）年７月	『学習指導要領一般編（試案）』刊行（改訂版。小学校に領域「教科以外の活動」，中学校に領域「特別教育活動」を，それぞれ示す）
1958（昭和33）年10月	『小学校学習指導要領』，『中学校学習指導要領』告示・施行（小中ともに，領域「特別教育活動」および「学校行事等」が示される）
1968（昭和43）年７月	『小学校学習指導要領』告示（領域「特別教育活動」と「学校行事等」を合わせ，領域「特別活動」となる）
1969（昭和44）年４月	『中学校学習指導要領』告示（小学校と同様に，領域「特別活動」となる）

水谷（1949），山口（2010），根津（2011）を参照し，筆者作成。

　教科「自由研究」から「領域化」され，約半世紀前に領域「特別活動」が定着し，今日に至る。次に，小中学校間の違いである。教科「自由研究」からの「領域化」は新制中学校が先行し，領域化後の名称も，中「特別教育活動」・小「教科以外の活動」と，別々だった。詳細は割愛するが，小学校と中学校とで，領域化が別個に進められた経緯がある（根津　2011）。

　「領域化」のころに想定されていた内容は，どういうものか。表11-2中，1949（昭和24）年の「発学261号」で，中学校の「特別教育活動」の内容は次の通り例示された。すなわち，「特別教育活動は，運動，趣味娯楽，ホームルーム活動，その他生徒会などの諸活動，社会的公民的訓練活動等を含むものである」（水谷　1949：9）と。当時は中学校も「ホームルーム活動」と呼んだこと，スポーツやレクリエーション，生徒会活動等も含むこと，学校行事への言及がないこともわかる。「発学261号」に関し，当時「文部省中等教育課事務官」の水谷統夫は，「従来，選択教科の中には自由研究というものがあったが，この名称は発展的に解消して，この特別教育活動の中に入った」（同：5）と述べた。

つまり，教科「自由研究」から領域「特別教育活動」への移行は，「発展的に解消」という関係にあると示された。ここに，もともと教科だった内容が「脱教科化」され，「領域化」された経緯を読み取れる。

領域「特別活動」の成立から約半世紀を経て，2017（平成29）年・2018（平成30）年の小中学校『学習指導要領』は，次の通り特別活動について定める。

　小学校：学級活動，児童会活動，クラブ活動，学校行事
　中学校：学級活動，生徒会活動，学校行事

小中学校の間で，いくつか違いがある。まず，「児童会活動」と「生徒会活動」との違いは，子供の呼称の違いに対応する。次に，「クラブ活動」の有無である。中学校には，教育課程外の活動として「部活動」が広く行われる（もし「部活動」が教育課程内にあるなら，成績をつけ，課程修了の要件となるはずである）。1977（昭和52）年，および1989（平成元）年の学習指導要領には，中学校の特別活動に「クラブ活動」が存在した。1980年代に中学生だった筆者の記憶でも，「部活動」とは別に週1回，クラブ活動の時間があった。1998（平成10）年の学習指導要領で，学校週5日制による授業時数の削減や，「部活動」による代替との関係で，中学校の「クラブ活動」は廃止された（山口　2010：45など）。昨今の「部活動」をめぐる諸問題は，この「クラブ活動」廃止が遠因かもしれない。

（3）総合的な学習の時間

領域「総合的な学習の時間」は，1998（平成10）年の学習指導要領で新たに導入され，必修化された。当時，「学校週5日制」の導入が並行して議論されていた。先行して中央教育審議会（1996〈平成8〉年）に「総合的な学習の時間」があり，この名称が登場してから20年以上経つことになる。表11-3に，略年表を示す。

表11-3　領域「総合的な学習の時間」に関する略年表

年　月	記　事
1996（平成8）月7月	中央教育審議会答申『21世紀を展望した我が国の教育の在り方について（第一次答申）』（「総合的な学習の時間」の設置を提言）
1998（平成10）年7月	教育課程審議会答申『幼稚園，小学校，中学校，高等学校，盲学校，聾学校及び養護学校の教育課程の基準の改善について（答申）』（「総合的な学習の時間」の時数等の具体を提言）
12月	『小学校学習指導要領』，『中学校学習指導要領』告示（小中ともに，総則で「総合的な学習の時間の取扱い」が示される）
2002（平成14）年4月	小中学習指導要領の全面実施，完全学校週5日制開始
12月	国立教育政策研究所教育課程研究センター，『総合的な学習の時間　実践事例集』を刊行
2003（平成15）年	文部科学省，「総合的な学習の時間」モデル事業を実施（7都県，2年間，52校を指定）
12月	文部科学事務次官通知（15文科初第923号）「小学校，中学校，高等学校等の学習指導要領の一部改正等について（通知）」（総合的な学習の時間の一層の充実等を明示）
2008（平成20）年3月	『小学校学習指導要領』，『中学校学習指導要領』告示（「総合的な学習の時間」，総則の一部から章として独立）

文部科学省（2017c），根津（2019）等を参照し，筆者作成。

　文部科学省（2017c）は，小学校の学習指導要領等について，改訂の経緯を「資料」として示した。表11-3中，1998（平成10）年12月の学習指導要領告示に関連し，小学校では大要，次の三つが改正点として述べられた（同：154による）。なお中学校には，3）がない。

1）小学校第3学年以上の各学年に「総合的な学習の時間」を創設
2）完全学校週5日制の実施に伴う授業時数の改正
3）第3学年以上で合科的な指導を許容（小学校のみ）

　以上の三点は不可分である。1）で領域「総合的な学習の時間」を創設して時数を確保すれば，当然，他教科や領域の時数を変更せざるを得ない。当時，社会一般で「週休2日制」の導入と拡大が進められており，土曜日休業による「学校週5日制」もその一環とされる（藤田

1997：135〜140）。上の２）は，この施策に対応する。２）により従来
の教科等の時数を減らす「緩衝帯」として，１）が行われたとも考えら
れる。詳述しないが，この流れは，いわゆる「ゆとり教育」批判や「学
力低下論」へとつながる。３）は，先行導入された「生活科」（1989〈平
成元〉年）と１）との連続性を確保するためと考えられる。

　導入時，領域「総合的な学習の時間」は，次の性格を期待された。す
なわち，「各学校が，地域や学校，児童の実態等に応じ，横断的・総合
的な学習や児童の興味・関心等に基づく学習など創意工夫を生かした教
育活動を行う時間」（文部科学省2017ｃ：154）と。この引用の「横断
的・総合的な学習」に関し，1996（平成８）年の中教審答申（中央教育
審議会1996）に，次の記載がある。少々長いが，抜粋する。

　［５］横断的・総合的な学習の推進
　子供たちに［生きる力］をはぐくんでいくためには，言うまでもなく，各
教科，道徳，特別活動などのそれぞれの指導に当たって様々な工夫をこらし
た活動を展開したり，各教科等の間の連携を図った指導を行うなど様々な試
みを進めることが重要であるが，［生きる力］が全人的な力であるというこ
とを踏まえると，横断的・総合的な指導を一層推進し得るような新たな手だ
てを講じて，豊かに学習活動を展開していくことが極めて有効であると考え
られる。
　今日，国際理解教育，情報教育，環境教育などを行う社会的要請が強まっ
てきているが，これらはいずれの教科等にもかかわる内容を持った教育であ
り，そうした観点からも，横断的・総合的な指導を推進していく必要性は高
まっていると言える。
　このため，上記の［２］の視点から各教科の教育内容を厳選することによ
り時間を生み出し，一定のまとまった時間（以下，「総合的な学習の時間」
と称する。）を設けて横断的・総合的な指導を行うことを提言したい。
　この時間における学習活動としては，国際理解，情報，環境のほか，ボラ
ンティア，自然体験などについての総合的な学習や課題学習，体験的な学習
等が考えられるが，その具体的な扱いについては，子供たちの発達段階や学
校段階，学校や地域の実態等に応じて，各学校の判断により，その創意工夫
を生かして展開される必要がある。

引用から，全人的な［生きる力］育成が必要→各教科などの連携に加え，横断的・総合的な指導が必要→各教科などに関わる内容への社会的要請→各教科の内容厳選により一定のまとまった時間を確保，という論理を読み取れる。つまり「横断的・総合的」とは，2017（平成29）年の学習指導要領でいう「教科等横断的な視点」に近い。

表11-3から割愛した関連情報も，多々ある。たとえば，先に触れた「学力低下論」や「学びのすすめ」（2002〈平成14〉年1月），小学校「外国語活動」の導入（2008〈平成20〉年）とその影響等である。領域「総合的な学習の時間」の創設に関し，当事者の貴重な証言もある（水原ら2018：207〜211）。専門学会も，1992（平成4）年に「日本生活科教育学会」が設立され，これを母体として2000（平成12）年には「日本生活科・総合的学習教育学会」へと発展している（同学会ホームページによる）。2018（平成30）年の学習指導要領改訂で，高等学校の領域名は，「総合的な探究の時間」へと改められた。

一世代を三十年と考えるならば，領域「総合的な学習の時間」は，まだその域に達していない。各地の実践や他教科・領域との関連を含め，今後も注目を要するだろう。

（4）外国語活動

本章の執筆時点（2019〈令和元〉年夏）で，領域「外国語活動」は，小学校3・4年生に週1時間の配当時数である。

小学校のみの領域「外国語活動」の創設と必修化は，比較的新しい。この領域は，領域「総合的な学習の時間」における国際理解教育の普及や，小学校の新教科「外国語科」の成立と不可分である。表11-4-1に，略年表を示す。

表11-4-1　領域「外国語活動」に関する略年表

年　月	記　事
1996（平成8）月7月	中央教育審議会答申『21世紀を展望した我が国の教育の在り方について（第一次答申）』（「総合的な学習の時間」提言の中で国際理解教育に言及）
1998（平成10）年7月	教育課程審議会答申『幼稚園，小学校，中学校，高等学校，盲学校，聾学校及び養護学校の教育課程の基準の改善について（答申）』（「総合的な学習の時間」の時数等の具体を提言）
12月	『小学校学習指導要領』告示（「総合的な学習の時間」設置。学校独自の判断により，「国際理解に関する学習の一環としての外国語会話等」を実施可能に）
2008（平成20）年3月	『小学校学習指導要領』告示（5・6年生で週1時間の領域「外国語活動」を新設，必修化）
2011（平成23）年4月	領域「外国語活動」全面実施
2013（平成25）年5月	教育再生実行会議「これからの大学教育等の在り方について」（第3次提言）（小学校の英語学習の抜本的拡充（実施学年の早期化，指導時間増，教科化，専任教員配置等）を提言）
2016（平成28）年12月	中央教育審議会「幼稚園，小学校，中学校，高等学校及び特別支援学校の学習指導要領等の改善及び必要な方策等について（答申）」（小学校の外国語教育で教科新設や時数増，開始学年の引き下げを答申）
2017（平成29）年3月	『小学校学習指導要領』告示（3・4年生で週1時間の領域「外国語活動」を新設，5・6年生の週1時間の領域「外国語活動」を週2時間の教科「外国語」へと変更）
2020（令和2）年4月	『小学校学習指導要領』全面実施（予定）

文部科学省（2017a：14〜15）等を参照し，筆者作成。

　表11-4-1から，領域「総合的な学習の時間」創設→領域「外国語活動」独立→教科「外国語科」成立という流れを読み取れる。小学校の教科「外国語」設置はごく近年だが，領域「外国語活動」の創設から約10年，主な前身の領域「総合的な学習の時間」設置からは約20年経つ。1990年代初頭の一部学校による研究開発から数えれば，国としての小学校の外国語教育は，30年近い歴史を有することになる。

　表11-4-2に，文部科学省（2017a：15）による「小学校外国語教育導入の経過」を示す。

表11-4-2　小学校外国語教育導入の経過

	4つのステージ	期間	審議会の答申等
1	研究開発学校での英語教育 <英語活動>	平成4（1992） 〜13（2001）年	・外国語教育の改善に関する調査研究協力者会議（平成5年） ・『英語が使える日本人』育成のための戦略構想（平成14年）
2	「総合的な学習の時間」の中での英語教育 <英語活動>	平成14（2002） 〜22（2010）年	・教育再生実行会議（第3次提言）（平成25年） ・グローバル化に対応した英語教育改革実施計画（平成25年）
3	英語教育必修化 <外国語活動>	平成23（2011） 〜31（2019）年	・英語教育の在り方に関する有識者会議提言（平成26年） ・中教審次期学習指導要領答申（平成28年）
4	英語教育教科化 <外国語活動・外国語>	平成32（2020） 年〜	・次期学習指導要領告示（平成29年）

文部科学省（2017a：15）を一部改変した。

　この表と前の表11-4-1とを比べる。表11-4-1の教育再生実行会議第3次提言「これからの大学教育等の在り方について」の文言が，表11-4-2にはない。小学校の外国語教育は，小学校の枠内だけで議論されてきたわけではない。むしろ，小中高大という連続性や系統性，いわゆる接続（articulation）を前提に議論され，小学校の教育課程で領域化から教科化に至った，と考えられる。この経緯は，昨今の大学入試改革の話題とも無縁ではない。

　また，表11-4-2の第3ステージ終盤まで，小学校は教科外の領域「外国語活動」，中学校は教科「外国語」と，外国語教育の施策は小中で別個に進められてきた。賛否はさておき，第4ステージで小学校に教科「外国語」が成立し，中学校の教科「外国語」との整合性が高まったといえよう。他方で，領域「外国語活動」はより下の学年に移行した。小学校の外国語教育は，教育課程上，領域と教科との二側面を有することとなる。関連して，小学校の教科数増，時数確保，教材開発，および担当教員の資質向上など，今後も議論は続くだろう。

　道徳，特別活動を「老舗」（しにせ）の領域とするなら，総合的な学習の時間や外国語活動は，まだまだ「新興」の領域である。道徳の教科化以降，教科外の領域が今後どう推移するかは，教科再編の動向と併せて考える必要もあろう。

3.　教科外カリキュラムに基づく論文執筆の要点

　前章に引き続き，本章のまとめとして，教科外カリキュラムの理論と実践の研究に必要な視点を述べる。前章（第10章）第3節の例「学校などで何らかの実践が行われ，教師として携わった経験がある。これを修士論文にまとめたい」という場合を，再び考える。前章同様，第8章第3節，第9章第3節の諸作業を終えたものとする。

（1）実践と教科外，カリキュラムとの関係を明示する

　本章のキー・ワードは「教科外カリキュラム」である。よって，まず当の実践と「教科外」領域との関係を明示する必要がある。次に，「カリキュラム」における当該「教科外」領域の位置を述べなければならない。

　実践を扱った報告や論文には，教科同様，教科外の領域との関係が二通りある。一つは，特定の領域の実践をうたい，タイトルに記す場合である。たとえば，「小学校の学級活動の実践記録」や「中学校の総合的な学習の時間の実践」である。このタイトルだと，児童会や部活動に関心のある読み手は，必読リストから外すかもしれない。もう一つは，タイトルが特定の領域と結びつかない場合である。前章の例を用いれば，「高校生の食育」である。日本に「食育」という領域はない。「高校生の食育」は，各教科・科目や領域で，多種多様に展開できる。高等学校であれば，学校設定教科・科目という可能性もある。ゆえに，「高校生の食育」というタイトルだけでは，どの領域で誰がどう扱うのか，第三者にはわかりにくい…ここまでの論理は，前章とまったく同じである。

　そこで修士論文の書き手としては，次の二つの問いに答えなければならない。すなわち，「その実践と教科外の領域との関係はどうなっているのか」，および「その領域（実践）は，カリキュラム上どういう位置づけなのか」，という問いである。前の問いは，学習指導要領の扱いや，担当教員，校務分掌，教材や単元，成績評価に直結する。後の問いは，配当学年，必修・選択の別に加え，学年間や学校段階間の連携にも

関わる。

　ここまでは前章と同じであるが，教科外の領域の場合，教科と異なり免許や検定教科書等がないため，実践に関する情報や資料を教科以上に集める必要がある。たとえば，運動会の時期の違いに代表されるように，各学校の事情や地域の特性，ローカル・ルールが，教科よりも豊富にありうるからである。筆者の仮説であるが，教科に比べ教科外の領域には，「前例踏襲」の傾向が顕著ではないか。検定教科書や入学試験が変われば，教科は大きく変わる。どちらもない教科外の領域は，重大な問題が起こらない限り変わりにくく，なくなりにくいと想定できる。ただし，その「変わりにくさ」が「古き良き伝統」として残る可能性もあるので，一概に否定もできない。

　また，教科と教科外の領域とを組み合わせた実践も考えられる。領域「特別活動」の学校行事（旅行・集団宿泊的行事）として修学旅行を実施する場合，事前に旅行先の地域や歴史を「社会科」等として学び，旅行時の集団生活や「責任のある行動」を「道徳科」として扱い，学校段階によっては英語（「外国語科」）を用いて研究内容（「理科」や「数学」等）を発表する，といった具合である。修学旅行が終わったら，学習のまとめとしてプレゼンテーションソフトを用いて資料や報告書を作成し（技術科や情報科，国語科や外国語科等），機会を設けて発表する（国語科や総合的な学習〈探究〉の時間等），といった活動も，想定できる。この種の実践の場合，どこまでが何の教科の扱いで，どこからが教科外の領域扱いなのか，意識して記す必要があろう。

（2）実践した学校段階，編成原理を説明する

　教科もさることながら，教科外の領域も幅広い。それゆえ，実践が行われた学校段階や，その実践を含むカリキュラム全体がどういう原理で編成されたかを，明示する必要がある。これも，前章と同じである。

　加えて教科外の領域の場合，いつの実践かが決定的に重要である。本章第2節で概観した通り，一口に「道徳」と言っても，時代により明らかに様相が異なる。教科化の前後で，検定教科書や評価の違い等，実践

は多大な影響を受ける。また，現在は小学校にのみ「クラブ活動」が領域「特別活動」の一つとして置かれているが，中高の部活動や課外活動を独自に「クラブ」と俗称する場合は珍しくない。中高一貫教育を行う学校では，高等学校にしかない「ホームルーム」を中学校で用いる場合があると聞く。学術的に，これらは混用すべきではない。「総合的な学習の時間」も，いわゆる「学力低下」が騒がれたころの一部改正，小学校「外国語活動」の導入による時数減，高等学校の「総合的な探究の時間」への改称など，この間の変遷は著しい。

　前章第3節で「社会科」を例にとり，書き手が前提とする「社会科」と読み手が考える「社会科」とが一致しなければ研究として成り立たない，と述べた。教科に限らず，教科外の領域でも同じことである。前述の「クラブ活動」が好例である。学習指導要領の領域「特別活動」に中高「クラブ活動」があった時代の「クラブ活動」と，現在の俗称「クラブ活動」とは，基本的に別物である。前章で述べた通り，教科の中身は，教科固有の事情に加え，他の教科・領域の動向によっても左右される。まったく同様に，教科外の領域の中身もまた，その領域固有の事情だけでなく，他の教科・領域の動向によっても左右されるのである。

　ゆえに「教科は社会的な構成物である」という前章第1節の議論は，教科外の領域にもそのままあてはまる。「領域もまた社会的な構成物である」し，結局，「学校の教育内容は社会的な構成物である」。しかも教科から領域や新領域の創設という「領域化」，および領域から教科への「教科化」，そして「消滅」は，数十年単位で生じる。

　ここで，本節冒頭の例「学校などで何らかの実践が行われ，教師として携わった経験がある。これを修士論文にまとめたい」を改めて考える。当の実践は，短くて数時間，長くとも十年以下が大半だろう。実践の長短や頻度，継続性は，もちろん考慮に値するが，より重要なのは，その実践がいつどういう事情で考案され実施されたかという，歴史的な文脈である。検定教科書がなく，地域性に左右されがちな領域の場合，教科以上に歴史的，地理的な文脈を重視しなければなるまい。

引用文献

小松佳代子・西島央・上野裕一・有賀康二・赤堀博美（2012）『周辺教科の逆襲』叢文社。

中央教育審議会（1996）『21世紀を展望した我が国の教育の在り方について（第一次答申）』（http://www.mext.go.jp/b_menu/shingi/old_chukyo/old_chukyo_index/toushin/1309579.htm）

中央教育審議会（2014）『道徳に係る教育課程の改善等について（答申）』（中教審第176号）（http://www.mext.go.jp/b_menu/shingi/chukyo/chukyo0/toushin/__icsFiles/afieldfile/2014/10/21/1352890_1.pdf）

根津朋実（2011）「1951（昭和26）年学習指導要領一般編（試案）における教科外活動の課程化」『学校教育学研究紀要』（筑波大学大学院人間総合科学研究科学校教育学専攻）4，1〜22.

根津朋実（2019）「学習指導要領の歴史的展開（3）」根津朋実・樋口直宏編著（2019）『教育内容・方法　改訂版』培風館，59〜67.

増田史郎亮（1988）「墨ぬり教科書　前後」『長崎大学教育学部教育科学研究報告』35，1〜10.

水谷統夫（1949）「解説　中学校カリキュラムの改正について―附通達全文―」『職業指導』22（7），4〜10.

水原克敏・髙田文子・遠藤宏美・八木美保子（2018）『新訂　学習指導要領は国民形成の設計書』東北大学出版会。

文部科学省（2017a）『小学校外国語活動・外国語研修ガイドブック』旺文社（http://www.mext.go.jp/a_menu/kokusai/gaikokugo/__icsFiles/afieldfile/2017/07/07/1387503_1.pdf）.

文部科学省（2017b）『小学校学習指導要領（平成29年告示）解説　特別の教科道徳編』（http://www.mext.go.jp/component/a_menu/education/micro_detail/__icsFiles/afieldfile/2019/03/18/1387017_012.pdf）.

文部科学省（2017c）「（資料）　学習指導要領等の改訂の経過」『小学校学習指導要領（平成29年告示）解説　総則編』（http://www.mext.go.jp/component/a_menu/education/micro_detail/__icsFiles/afieldfile/2019/03/18/1387017_001.pdf），146〜157.

文部省（1972）『学制百年史』帝国地方行政学会。

山口満（2010）「特別活動の歴史的変遷」山口満・安井一郎編著（2010）『改訂新版　特別活動と人間形成』（初版1990）学文社，26〜48.

●**学習課題**

1．自分が携わった実践と教科外の領域との関係，およびその領域（実践）のカリキュラム上の位置づけを確認し，書き出してみよう。
2．自分が携わった実践が教科外の場合，これまでの学習課題と関連づけ，歴史的な文脈を確認し，書き出してみよう。

12 | カリキュラムの接続

根津　朋実

≪目標&ポイント≫　一貫教育や連携教育において注目されるカリキュラムの接続という視点から，その研究成果と課題を具体的に検討する。
　初めに，カリキュラムの「接続」について概説する（第1節）。次に，具体的な近年の事例を紹介する（第2節）。まとめとして，今後のカリキュラムの接続研究に必要な視点を論じる（第3節）。
≪キーワード≫　アーティキュレーション，幼小一貫，小中一貫，中高一貫

1. カリキュラムの「接続」とは

　一般に「接続」とは，つながる・つなげることを指す。つながる・つなげるには，前提として，複数のものや事柄を要する。単体のままでは，どこともつながれない・つなげられないからである。

　教育においても「接続」は，複数のものや事柄をつなげる語として用いられる。教育において「接続」は，英語で"articulation"（アーティキュレーション）と呼ばれる（安藤・根津　2010）。この英語自体は，多様な意味を持つ。複数の辞書などによれば，「接合部」，「明瞭な発音」，「関節」，「分節」，そして「噛みあわせ」や「ろれつ（呂律）」などの意味を持つ。音楽用語として認識する読者もいるだろう。これらの意味は，「異なる二つ以上のものをつなげること・つなげた部分のこと」で，共通する。つまり，アーティキュレーションの意味は「つながってはいるが，もともとは別個のもの」であり，単純な一体化を指すわけではない。

　カリキュラムの「接続」やアーティキュレーションという場合も，先の記述と基本的に同じである。すなわち，「異なる二つ以上のカリキュラムをつなげること・つなげた部分のこと」を，カリキュラムの「接続」やアーティキュレーションと呼ぶ。

（1）アーティキュレーションとインテグレーション

　日本の学校体系の場合，アーティキュレーションは，幼小中高大に代表される，垂直方向の関係性を指す（桑原　1988）。すなわち，幼稚園と小学校（幼児教育と初等教育），中学校と高等学校（前期中等教育と後期中等教育），いわゆる高大接続（後期中等教育と高等教育）など，隣接する学校段階間の連関を示す語として，アーティキュレーションや訳語「接続」が用いられる。一貫教育や連携教育の進展，義務教育学校（9年制）や中等教育学校（6年制）は，アーティキュレーションという専門用語で議論できる（安藤・根津　2010）。

　前述の通りアーティキュレーションは，＜「つながってはいるが，もともとは別個のもの」であり，単純な一体化を指すわけではない＞。ここは留意を要する。各種の一貫教育や連携教育の場合，「一貫」や「連携」は「一体化」や「同化」と解されがちだが，アーティキュレーションは単純な「一体化」や「同化」を意味しない。アーティキュレーションという概念は，つながる・つなげるだけでなく，別になる・別にするという側面も，併せ持つからである。アーティキュレーションは学術的な分析概念であり，規範的な良い事柄だけを意味するわけではない。

　垂直方向のアーティキュレーションに対し，水平方向は，インテグレーション（integration）や訳語「統合」と呼ばれる（桑原　1988）。すなわち，「インテグレーションとは教育系統（普通，職業，障害など）の統合関係を，アーティキュレーションとは教育段階（初等，中等，高等など）の接続関係をいう」（同）と。特別支援教育（特殊教育，障害児教育）の関連で，語「インテグレーション」に接した読者もいるだろう。高等学校「総合学科」にも，普通教育と職業教育（専門教育）との「統合」を読み取れる。学習指導要領「総合的な学習の時間」の英訳（仮訳）は，"the Period for <u>Integrated</u> Studies"である（文部科学省　2020，下線は引用者）。「総合的な学習の時間」を「インテグレートされた学習の時間」と記すと，見方や雰囲気が変わる。

　アーティキュレーションとインテグレーションとの関係を，桑原（1988）は図12-1の通り示した。

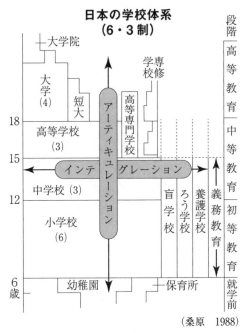

**図12-1　日本の学校体系におけるアーティキュレーションと
　　　　　　インテグレーション**

　この図は30年以上前のもので，名称「特別支援教育」は用いられてお
らず，中等教育学校や義務教育学校も未導入である。図12-1を現行制
度に合わせて更新すると，確実に複雑化・多様化する。とはいえ，垂直
方向のアーティキュレーション，水平方向のインテグレーションという
基本的な関係は，現在でもさほど変わらない。

（2）カリキュラム・アーティキュレーションの多層性

　前項（1）で，学校体系を例に，アーティキュレーションとインテグ
レーションとの関係を概説した。両者は，入学試験や卒業認定と同様，
カリキュラムとも密に関わる。教育内容や学習者の経験を発達段階に沿
ってどう組織するかは，アーティキュレーションの問題に属する。一
方，異質な教育内容や多様な学習者の経験をどう関連づけるかは，イン

テグレーションの問題に属する。

　以下，本章のタイトル「カリキュラムの接続」に従い，カリキュラムの接続，アーティキュレーションに限定して述べる。そしてカリキュラムの接続，アーティキュレーションを，「カリキュラム・アーティキュレーション」（curriculum articulation，安藤・根津　2010：54）と記す。

　本書でたびたび述べてきた通り，カリキュラムという概念は，多義的・多層的である。ゆえにカリキュラム・アーティキュレーションも，必然的に多義的・多層的となる。ここでカリキュラムを，「目標・計画レベル」，「方法・実施レベル」，「結果・評価レベル」の三層に分ける。念頭にあるのは，いわゆるPlan（P，計画）−Do（D，実施）−See（S，評価）からなる，PDSサイクルである。そして試みに，各層に関するカリキュラム・アーティキュレーションの課題を示す。

　以下，仮想例として，ある地方公共団体が，公立の小学校と中学校とで，「小中一貫」や「小中連携」を目指す場合を扱う。

　まず，目標・計画レベルである。計画は，理念や目標をスケジュールに具体化したものなので，もっとも重要なのは「目標」である。何のために，何を目指して「小中一貫」や「小中連携」を企画するのか。あるいは，現状の何が問題で，何を克服・解決するために，「小中一貫」や「小中連携」を構想するのか。これらの基本理念から確認しなければならない。これは，新たなカリキュラムの編成原理や価値を明確化する作業でもある。後の結果・評価レベルを考えると，具体的に検証可能な目標を立てることも意識すべきだろう。

　続けて，小学校と中学校とを合わせ，全9か年の目標や計画を策定する。目標を考慮し，現行「6−3制」の区切りを維持するか，変えるか。いずれにせよ，その判断の理由や根拠，データは何か。小中に限らず「一貫」や「連携」という場合，学校段階の「接合部」に関心が向きがちである。9年間を改めて区分する「4−3−2制」や「4−2−3制」は，小学校高学年から中学校へのカリキュラム・アーティキュレーションを意識した例である。このとき，前半の「4」から続く「3」や「2」の部分だけに注力しても，「一貫」や「連携」としては不完全である。

新たな区分により，前半の「4」や，後半の「2」または「3」も，明らかに影響を受けるからである（安藤・根津　2010：59）。

　次に，方法・実施レベルである。これは，目標・計画レベルの構想を具体化するレベルである。目標・計画に合わせた9年間の「ひと・もの・こと」の組織と配置，および関連した各種の連絡調整を想定できる。これらは，学校経営やカリキュラム・マネジメントの重要な課題でもある。

　「小中一貫」や「小中連携」の場合，小中間の教科の違いや新教科の開発，各種教科外の領域に対応しなければならない。この過程で，さまざまな課題が生じうる：義務教育学校化の是非，校名や校歌，校舎の配置（一体か別個か）や規格，学区，通学形態（自転車やスクールバス），標準服（「制服」）や持ち物の扱い，職員室の配置，教員研修の内容と形態，学校給食の必要カロリー，校庭や体育館の使用，教員の保有免許や経験，小中間の採用・異動の地域差，学級担任制と教科担任制，専科担任の有無，授業1コマの時間（45分か50分か）や「中休み」（2限と3限の間に20分程度の休み時間を設けるか），始業や終業時刻，生徒指導や進路指導，定期試験や評価，放課後の過ごし方や部活動への参加形態，児童会と生徒会，各種学校行事の開催形態（一体か分離か），PTA組織など。義務教育学校として一体化したように見えても，本稿の執筆時点で，教員の免許制度や学習指導要領は，小中で完全に一体化されていない。教職員だけでなく，地域や保護者への説明や理解にも，時間を要する。

　最後に，結果・評価レベルである。まず，9年間の実践を通じて当初の目標が達成されたかどうか，長期的に確認しなければならない。いわゆる，「目標に準拠した評価」（goal-referenced evaluation）である。目標・計画レベルで述べた通り，具体的に検証可能な目標でなければ，結局うやむやになってしまう。さらに公立校であれば，教職員の異動に耐える，長期的な評価の仕組みを構築・維持しなければならない。これは学校単独では難しく，教育委員会の組織的な関与が求められる。次に，当初の目標になかった結果にも，長期的に注目する必要がある。長

い実践の過程で目標を修正したり，変更したりする場合は，十分ありうる。当初の目標になかったが結果的に有益だった事柄や，実践してみて気づいた課題を明確化する作業は，目標に準拠した評価同様，ひじょうに重要である。この手続きは，「ゴール・フリー評価（目標にとらわれない評価）」（goal-free evaluation）と呼べる（根津　2006）。

　「小中一貫」や「小中連携」の場合，複数の評価指標（観点）を想定できる。わかりやすいのは，定義はさておき，「学力」である。関連して，高等学校や他の中学校への進学状況（いわば「中退」）も，一つの結果である。健康状態や体力テストの推移も見逃せない。不登校や保健室登校，いじめや器物損壊（破損），事件や事故の発生状況も，長期的な蓄積を要する。保護者や地域の評判，視察や訪問者の数，各種大会やコンクール，コンテストの結果も活用できる。質問紙調査や意見交換会を企画し，児童生徒の学校生活への満足度や要望を把握するのも，一つの方法である。同様に，各教職員の意識の変容を探る手もある。いずれにせよ，実践や目標との関連で，妥当かつ適切な評価指標の策定が望まれる。

　「小中一貫」や「小中連携」の実践を評価するには，評価指標の策定もさることながら，根拠となるデータを，長期的かつ多面的に収集整理しなければならない。現実的には，質問紙調査にせよ，事例法にせよ，簡便な複数の調査研究の手法を併用するのが妥当だろう。できれば，長期的に評価を行う専門組織や分掌を設けたほうがよい。一般に教育実践の場合，実験室のような厳密な条件統制は難しい（冨士原　2019：155）。ある実践に関し，一般性や再現可能性を重視するか，固有性や一回性を重視するかは，ケース・バイ・ケースである。単独の調査方法で，複雑かつ長期的な実践を評価するのは，手持ちの30cm物差し一本で何でも測ろうとするに等しく，現実的ではない。目標・計画レベルの時点で，結果・評価レベルにも，相応の資源を確保しておくべきだろう。

2. 関連事例の概観

　一貫教育や連携教育に関し，カリキュラムの接続はさまざまである。例として，幼稚園と小学校，小学校と中学校，中学校と高等学校，高等学校と大学がある。ここに，保育所（学校ではないが），専門学校，短期大学，高等専門学校（5年制・「高専」）などが加わると，さらに多様となる。

　本節では義務教育に関連し，国内で一定の広がりを持つ例として，幼小連携，小中一貫，および中高一貫の各事例を概観する。

（1）幼小連携

　幼小連携とは，幼稚園と小学校との連携を指す。ここに「保育園」（保育所）を含め，「幼保小連携」という場合もある。幼小連携の場合，現時点で「幼小一貫校」といった制度はなく，既存の学校体系で連携・接続を図ることとなる。なお幼稚園は文部科学省の所管で，学校教育法第1条に定める「学校」であり，幼稚園教諭免許を持つ「教員」が教育に従事する。「保育園」は通称で，法規上は「保育所」である（児童福祉法など）。厚生労働省が所管し，職員は国家資格「保育士」を有する。

　複数のデータベースによれば，語「幼小連携」は1970年代後半に登場，1990年代末から急増し，今日に至る（「幼少連携」で検索しても，数十件の記事類が該当する。「幼小」と「幼少」との変換ミスを超えた意味もありうるが，よくわからない）。

　以下，幼小連携の例として，仙台市に注目する。同市教育委員会から図書（木村　2010）が公刊され，「スタートカリキュラム」として幼保小連携が現在も進められている（仙台市教育委員会　2018）。語「スタートカリキュラム」は，『小学校学習指導要領解説　生活編』（文部科学省　2008：9，53）にあり（木村　2010：2），仙台市の発案ではない。

　仙台市が「スタートカリキュラム」を導入した一因には，「小1プロブレム」があった。この語は往時，次の通り認識されていた。

> 　2000年前後より，小学校入学後間もない1年生の教室で，落ち着いて教師の話を聞けず学習に集中できない子どもが，授業中教室を歩き回ったり騒いだりして授業が成立し難くなる現象が「小1プロブレム」としてマスコミにも取り上げられ問題になってきた。(中略)
> 　「小1プロブレムなどの問題」は，子どもが小学校入学という新教育環境への移行に際して，短期間に急激に押し寄せてくる多様で大きな変化に，独力で対応しかねている大きな問題である。　　　　　　　（木村　2010：16）

以下，木村（2010）の目次により，章立てを示す。

> 第1章　なぜ今「スタートカリキュラム」なのか
> 第2章　「スタートカリキュラム」を創る
> 第3章　「スタートカリキュラム」を実践する
> 第4章　事例・仙台型スタートカリキュラム
> 第5章　発達段階をつなげる接続期カリキュラム
> 第6章　座談会・実践現場から見た「スタートカリキュラム」
> 第7章　「スタートカリキュラム」における教育委員会の役割
> 終　章　「スタートカリキュラム」の意義と生涯学習

　章立てに語「幼小連携」はないが，副題「スタートカリキュラムと幼保小連携の理論」（第1章）や，節のタイトルに「幼・保・小の接続期カリキュラムの課題」（第5章）とある。また，複数の小学校による15の事例（第4章）や，地域との連携（第3章），教育委員会の役割（第7章），そして「スタートカリキュラム」から生涯学習体系への拡張（第8章）と，今日に通じる情報や論点も多い。

　事例として，「事例2　生活科を中心とした単元構成」（仙台市立広瀬小学校。以下，広瀬小と略）を紹介する（同：69〜80による）。広瀬小の組織体制を，次に示す（同：69）。

（1）第1学年児童数　　107名（12幼稚園，13保育所から就学）
（2）第1学年学級数　　4学級
（3）第1学年指導体制　担任4名（4月の1～3週は1学級2名の複数担任制）
（4）生活・学習サポーター制度の活用（生活・学習サポーターが各学級に1～2名入り，給食準備～下校までを支援）

　広瀬小は，実態調査の結果をもとに，「単元構成の工夫」，「学年合同わくわくタイムの設定」，および「指導内容」の三つを実践した。
　「単元構成の工夫」は，登校しぶりや欠席が落ち着くまで5週かかったという調査結果に基づき，「幼稚園や保育所と小学校の教育内容調査を行い，直接体験を重視した生活科を中心に『学校と生活』の内容で，週ごとに気付きの質が高まるように単元を構成した」（同）。第1～2週は，毎日1校時目に幼稚園や保育所で親しんだ歌や遊びを取り入れた活動（「学年合同わくわくタイム」），毎日2時間目に生活科（学校探検など）を，それぞれ設定した。その際，少人数指導担当の協力を得て，複数の目で見守る体制をとった。併せて「生活・学習サポーター」の制度を活用し，給食・下校指導に当たった。第3週も毎日2校時目に生活科を置き，友達との関わりが増すような活動を設定した。第4週は学校探検を拡張し，学校で働く人として「校長先生」や「給食の先生」などに出会う実践が展開された。第5週は祝日もあり2日だけだったが，第4週を経て，行動範囲を広げた。また第3週以降，毎日1校時目には，各教科に読み替えて各学級で「わくわくタイム」を実施した。「指導内容」は，「保護者アンケートで児童の実態を把握し，身についていない力を伸ばす指導内容にした」（同：70）という。
　以上の要約から，当時の広瀬小「スタートカリキュラム」の特徴として，生活科の重要性，豊富な人手，学年共通の単元構成，および各種アンケートに代表される調査の活用を，それぞれ挙げられる。
　近年の資料には，【確かな学力を育成する上で前提となる環境の整備】として，「（2）スタートカリキュラム」がある（仙台市教育委員会

2018：33)。その「ねらい」は，次の通りである。

　小学校入学直後の約１か月間において，児童が幼児期に体験してきた遊び的要素とこれからの小学校生活の中心をなす教科学習の要素の両方を組み合わせた，合科的・関連的な学習プログラムを計画・実践し，小学校第１学年スタート時における学校生活への円滑な適応を図ります。

(仙台市教育委員会　2018：33)

　また，＜これまでの経緯＞として，2009（平成21）年からの「仙台市スタートカリキュラム検討委員会設置」,「幼保小引継ぎ文書の統一」(2010〈平成22〉年度～),「スタートカリキュラム全校実施」(2011〈平成23〉年度～),そして「スタートカリキュラム実施報告書を隔年で集約」と記す（同）。さらに「成果」として，「スタートカリキュラムの実施により，幼保小の互いの教育・保育内容の相互理解が進み，幼保小の交流活動（幼児と児童，職員同士）等が行われ，小１プロブレムの予防となっています」（同）とある。

　木村（2010）刊行後，仙台市の「スタートカリキュラム」の実践は，東日本大震災や学習指導要領の改訂を経て，10年を数える。語「スタートカリキュラム」の継続的な使用，ねらいとしての「小１プロブレム」の予防と克服，および幼児期の遊びと小学校の学びとの接続といった諸点からみて，実践の基本路線は継承されていると考えられる。

　仙台市を含め，今日の幼小連携や幼保小連携を詳しく理解するには，幼稚園教育を重視したいわゆる「四六答申」（中央教育審議会　1971）や，1989（平成元）年学習指導要領による「生活科」導入前後の議論（たとえば長坂　1989）の参照を要する。

（2）小中一貫

　2016（平成28）年に学校教育法が改正され，第１条に「義務教育学校」が記された。比較的新しい制度であるため，本稿執筆の時点で，9年間すべてを義務教育学校で過ごした卒業生は，まだいない。学校基本調査（文部科学省　2018ｂ）によれば，全国の国公私立小学校と中学校

との総計が約4万，一方で義務教育学校は100校未満である。義務教育学校は，制度化の時期や学校数からみて，なお普及途上にある。

　周知の通り，義務教育学校の制度化の前から，小学校と中学校との連携，すなわち小中連携や小中一貫の教育が進められてきた。地域によっては「1小1中」で，一つの公立小学校の卒業生が，基本的に同地域の一公立中学校へ進学する。私立・国立の中学校や中等教育学校がなく，「中学受験」と無縁な地域も，珍しくない。また，公立学校の教員採用や人事異動も，小中間の交流が当然とされる場合がある。このように全国一律ではないが，各地域の実情に合わせ，小中学校間で連携してきた事例は，少なくない。

　以下，小中連携の事例として，武蔵村山市教育委員会（2014）に注目する。前項の仙台市同様，公立学校の事例であり，教育委員会が図書を出版した。同書によれば，武蔵村山市は東京都の西部に位置し，北は埼玉県境である。福生（ふっさ）市の横田基地に隣接し，人口7万2千，うち小中学校の児童生徒は1割弱である。市立小学校8，中学校4，施設一体型小中一貫校1で，市立学校の教職員数は約500名である。以上のデータは2013（平成25）年11月時点である。改めて筆者が確認したところ，市立小7，市立中3，他に小中一貫の「学園」が2つある（武蔵村山市2017）。同市には鉄道や国道がなく，主な公共交通機関は路線バスであり，私立小学校や中学校もない。東京都の事例だが，全国的に見れば，似た地域が一定数あると推測できる。

　以下，武蔵村山市教育委員会（2014）の目次により，章立てを示す。

　書名の通り，「言語能力」を軸に，義務教育を連携・一貫して扱う構成となっている。同市は2001（平成13）年から「小中連携教育及び小中一貫教育について検討を行い，その集大成として，2010（平成22）年4月に，多摩地区初の施設一体型小中一貫校である村山学園が開校した」（武蔵村山市教育委員会　2014：14）とする。背景には，「武蔵村山市教育振興基本計画」（2012〈平成24〉年3月）があり，「小中一貫教育・小中連携教育の推進」として，9年間を通した系統的・継続的な指導，確かな学力と豊かな心の育成，「中1ギャップ」の解消が意図された(同)。中1ギャップとは，小学校から中学校へと進学する際，児童・生徒が経験する，さまざまな「段差」や「障壁」を意味する（安藤・根津　2010：58)。地域差や学校差はあるが，例として，学級担任制から教科担任制への移行，標準服（制服）の有無，生徒指導の方針の違い，成績評価（定期テスト）や部活動の扱いなどが挙げられる。これらの「段差」や「障壁」をうまく克服できない場合，中学校入学後に不適応を生じるおそれがある。

　施設一体型小中一貫校である村山学園の教育課程は，「（1）学習指導要領に準拠する。（2）義務教育9年間の系統性・継続性に留意する。（3）社会の変化への対応課題4重点を教科横断的に取り扱う。（4）児童・生徒の発達の状況を的確に捉えて編成する」（武蔵村山市教育委員会　2014：19）という特徴を有する。（3）の「4重点」とは，「言語力

育成」,「情報リテラシー育成」,「キャリア教育」,および「心の教育」
を指す(同)。教育課程の区分はいわゆる「4−3−2制」である。村山
学園では特に,「小・中学校の接続期である中学年部(5年生〜7年
生)の教育指導を,一貫校としてどのように構築するか」を重視する
(同:20)。このように同市には,施設一体型小中一貫の村山学園と,そ
れ以外の小中連携を行う学校とが存在する。

　以下,「1小1中」の事例として,同市立第七小学校(七小)と第四
中学校(四中)からなる,「第四中学校区の実践」を紹介する(同:102〜
114)。各校の概要を,表12−1に示す。

表12−1　第四中学校区の各校の概要

校　名	武蔵村山市立第七小学校	武蔵村山市立第四中学校
児童・生徒数	643	464
学級数	20	13
教職員数	51	39
立　地	・両校は隣接し,七小の卒業生のほとんどが四中に進学する。 ・学区のほとんどは閑静な住宅街である。各自治会や青少年対策地区委員会による行事が盛んである。	
特色ある取組	音楽のつどい:七小の合奏クラブや和太鼓クラブ,四中のスクールバンド部による合同演奏会を毎年実施 クリーン作戦:毎年11月,両校の児童・生徒・保護者・地域の方々とゴミを拾う	

武蔵村山市教育委員会(2014:102)に基づき,根津作成。

　第四中学校区は,共通研究主題を「思考力・判断力・表現力等を高め
る指導の工夫」と設定し,小・中学校を三つの段階(4−3−2年)に分
け,言語能力に関する共同研究を行った(同:103)。各校の研究主題は
それぞれ,「『自らの思いをしっかりと表現できる児童の育成』〜国語科
『書くこと』を通して〜」(七小),「生徒の思考力・判断力・表現力等を
高め,自発的・自治的な活動につなげる授業改善」(四中)と,別に設
けられた(同:104〜105)。詳細は割愛するが,目指す児童・生徒の
姿,研究仮説,そして研究の内容も,各校別である(同)。

　事例として,小学校第2学年・国語科(書くこと)と,中学校第3学

年・学級活動の学習指導案が示された（同：106～113）。七小の単元名は「お話のさくしゃになろう」であり，次の通り「本単元における小中連携の視点」が示された（同：107）。

> 　本単元では，自分の経験や想像から物語を作り上げる活動を通し，物語らしい表現や語彙を増やすことを目指す。また，書き上げた物語を友達と読み合うことを意識させ，メモから言葉を補い，読み手に伝わりやすい文章を書くことも目指す。そのことにより，小中連携で目指す「自分の考えを深め，表現できる児童・生徒」を育成できると考えた。

　四中は単元ではなく「議題名」で，「修学旅行を良い思い出にしよう」とされ，「本活動における小中連携の視点」は次の通りだった（同：111）。

> 　中学校２・３年生の段階では，小集団や学級全体で交流させる活動を積極的に取り入れる。その中で，中学校１年生までの段階で高めた「自分の考えを書くことで整理・伝える」力を生かし，相手の考えを聞き，その良さを捉え，自分の考えを再構築する力を高める。その結果，自分の考えを深め，表現できる児童・生徒を育てたい。

　以上の事例は，共同研究を小学校と中学校とで分担し，学習指導要領の範囲内で対応した特徴を持つ。第四中学校区では，小中相互の授業参観や小中合同の協議会は行われていたが，「児童・生徒の変容」も「今後の研究」も，「小学校では…中学校では…」という書き方だった（同：114）。同書を読む限り，第四中学校区では村山学園のような「中学年部（５年生～７年生）」は明示されず，既存の小中学校の枠内で役割分担した感がある。ともあれ，当時の制度の枠内で，教育委員会主導により，小中連携・一貫教育を先駆的に実践した事例，と位置づけられよう。

（3）中高一貫

　「中高一貫」は，中学校と高等学校とを合わせた，６年一貫による教育の仕組みを指す。本稿の執筆時点で，中学校は義務教育だが，高等学

178

校はそうではない。また「高等」学校といっても，中学校と同じく，「中等教育」（secondary education）に属する（「高等教育」〈higher education〉は，大学などを指す）。

　「中高一貫」はあくまで通称であり，「○○県立中高一貫校」や「学校法人△△学園中高一貫校」とは言わない。表12-2の通り，設置者の別により，「中高一貫」には三つの型がある。「中等教育学校」は完全な6年一貫制で，1年生から6年生までが在籍する。「併設型」は，「○○県立中学校」を「○○県立高等学校」と接続させたり，同じ学校法人が「△△学園中学校・高等学校」を設置したりする場合である。この場合，制度上は中学校と高等学校が別個に存在するので，卒業証書は2枚となる。最後の「連携型」は設置者が別であり，市区町村立の中学校が都道府県立の高等学校と接続するような場合である。複数の中学校と高等学校1校とが接続する場合もある。なお筆者の知る限り，公立中学校と私立高等学校との連携型は，まだない。

表12-2　中高一貫の三つの型

型	設置者	入学試験	卒業証書
中等教育学校	単独	中：公立は学力検査* なし 高：なし	1枚
併設型中学校・高等学校	単独	中：公立は学力検査* なし 高：併設型中学校からは入学者選抜なし	2枚
連携型中学校・高等学校	複数（例：町立中学校3校と県立高等学校1校）	中：（明確な定めなし） 高：連携型中学校からは調査書及び学力検査の成績以外の資料により入学者選抜可	2枚

＊設置者により，「選抜検査」，「適性検査」などと言い換えている。
文部科学省（2012）を参照し，根津作成。

　以上の制度は，1998（平成10）年の学校教育法改正で制度化され，翌1999（平成11）年度から開始された。制度化から約20年の歴史を持ち，執筆時点で全国に中等教育学校は53校ある（文部科学省2018 b）。また，国公私立の全中学校10,270校中，併設型489校（4.8％），連携型207校（2.0％）である（同）。これを高等学校から見れば，国公私立の全高

等学校4,897校中，併設型490校（10.0％），連携型92校（1.9％）となる（同）。中高で連携型の校数に差があるのは，複数の中学校と一つの高等学校とを接続する場合があるからである。中高一貫は，全国の中学校で１割に満たないが，高等学校では１割を超え，普及しつつあるといえる。国公私立や地域の別で見れば，割合はさらに高くなる。

　以下，連携型の私立中高一貫の例として，宇宙飛行士・星出彰彦氏の出身校として知られる，茗渓学園中学校・高等学校を紹介する。筆者は執筆時点で，同校のSSH（スーパーサイエンスハイスクール）事業の「運営指導委員」を務めている。同校の概要を，表12-3に示す。同校は創設から日が浅く，関連図書も少ない。この点，初代校長・岡本稔（1931〜2008）を始め，元教員や卒業生らに取材した柴谷（2009）が貴重である。同書は同校の方針を，次の通り述べる。すなわち，「知識に偏らない全人教育であり，一人ひとりの才能を引き出すことを目指している。偏差値主義に対する異議申し立てであり，いわば人間性の復活を目指すルネサンス運動である」（同：107）と。

表12-3　茗渓学園中学校・高等学校の概要

創立年：1979年／設置者：学校法人茗渓学園
創立者：一般社団法人茗渓会（設立百周年記念事業）／所在地：茨城県つくば市
課程・学科：全日制・普通科，男女共学，中高一貫（2-2-2制），2期制（4〜9月，10〜3月）
生徒数：中学校・学年6クラス（約240名），高等学校・学年6クラス（約260名）
学園の特色：研修旅行（中：国内，高：国外）／キャンプ（中：フィールドワーク）
　　＊「宿泊行事は六年間で百五十日以上もある」（柴谷　2009：147）
　　心身の鍛錬（男子：ラグビー，女子：剣道をそれぞれ「校技」とする）
　　個人課題研究（「17才の卒論」，1981年開始）
　　＊「学園の進路指導の集大成である」（柴谷　2009：130）
　　クラブ活動（運動部13，文化部11，同好会5）
　　＊ラグビー部は全国水準，高校で優勝（1989.1）（柴谷2009：173〜222）
　　SSH（スーパーサイエンスハイスクール指定校。2011〜2016年度〈2016年度は経過措置〉，2017年度〜）
その他：寮有り，国際教育（各種行事，創立時から帰国生受入，IBDP（国際バカロレア・ディプロマプログラム）認定校，英語特別クラスなど），SGH-A（スーパーグローバルハイスクール・アソシエイト指定校）

柴谷（2009），茗渓学園中学校高等学校（2019a，b）を参照し，根津作成。

　同校の中高一貫教育は，6年間を2年ごとで区切る「2-2-2制」で，各期は「基礎力養成期」，「展開期」，「実践期」とされる（茗渓学園

中学校高等学校2019ｂ：15)。各期を貫くのは，頻繁に実施される多彩な学校行事である。「学園生活のリズムは中一から高三まで変わらない。授業があり部活がある中で，行事がアクセントとしてやってくる。しかし，そのテンポは学年とともに上がり，高校二年で最高潮に達する。受験を控えて授業は高度なものとなる一方，部活動や文化祭，生徒会の中心を担わなくてはいけない。さらに個人課題研究にも取り組みながら進路を考えつつ，研修旅行にも備える」(柴谷2009：154)。創立期から続く高校２年の「個人課題研究」は，「17才の卒論」(茗渓学園中学校高等学校2019ａ) とも呼ばれ，学園案内に掲載された卒業生５名中４名が言及する，同校の特徴的な実践である (同2019ｂ：24〜25)。

　同校の中高一貫化，「全人教育」，創立時に構想された「準全寮制」，ならびに校技や宿泊学習の重視は，英国のパブリック・スクール，基督教独立学園（山形県）や桐朋学園（東京都）などの先行事例，そして初代校長・岡本稔の影響が大きい (柴谷　2009：8，23，47，59，76〜77，88など)。

（4）事例のまとめ

　以上，連携・一貫教育の事例を三つ，概説した。第１節で述べたカリキュラム・アーティキュレーションの知見によれば，第２節の各事例は表12-4の通り整理できる。

表12-4　カリキュラム・アーティキュレーションから見た各事例

	幼小連携・一貫	小中連携・一貫	中高連携・一貫
事　例	仙台市	武蔵村山市	茗渓学園
目標・計画レベル	「小１プロブレム」への対応	系統的・継続的な指導「中１ギャップ」の解消	「全人教育」による中等教育
方法・実践レベル	「スタートカリキュラム」の導入	小中学校の交流言語能力の育成	中高一貫化各種行事の重視
評価・結果レベル	10年以上の継続学力保障への包括化	授業の改善児童・生徒の変容	各種指定校に選定進学含む海外との交流

根津作成。

　表中，「評価・結果レベル」は，公刊資料にあまり情報がなかった部

分である。「目標・計画レベル」や「方法・実践レベル」は，学校や教師にとって語りやすい。対して「評価・結果レベル」は，連携・一貫教育を受けた児童・生徒の実感によるところが大きい。この点，各事例の公刊資料では，児童・生徒の声や実感が，さほど扱われていなかった。

　連携・一貫教育も学校教育である以上，もちろん意図的・継続的な性格を持つが，明確な評価や結果の提示は難しい。学力テストの結果や進学実績などは，客観的に可視化しやすいが，あくまで短期的かつ部分的な「指標」にすぎない。卒業後，社会に出てから気づく「効果」や「意義」も，十分ありうるからである。近年の連携・一貫教育に関し，長期的かつ総体的な評価や結果の検討は，緒についたばかりである。

　また，「連携・一貫教育は良いものだ」と決めてかかるのも，危うい。特に地方公共団体による連携・一貫教育の推進は，見ようによっては政策的な「学校減らし」や「統廃合」であり，批判や検証を試みる立場もある（たとえば，山本ら　2011）。実際，「1小1中」は校舎二つに校長2人だが，「義務教育学校」ならば校舎一つに校長1人で済み，経済的である。少子化に対応した公立高等学校の定員減もあり，既存の高等学校を中等教育学校へと再編する例もある。加えて，いわゆる「平成の大合併」で小規模の地方公共団体が合併され，合併後の地方公共団体は地理的に広がった。結果的に，人口に比べ学校数が多い例も散見される。校舎の老朽化や耐震改修，エアコン設置などを考えれば，地方公共団体が学校配置の「適正化」として，連携・一貫をうたう場合もありうる。

　本節は幼小，小中，中高の順に述べてきたが，一貫教育の制度化の時期は逆で，中高一貫（中等教育学校：1998〈平成10〉年開始），小中一貫（義務教育学校：2016〈平成28〉年）と進んできた。本稿執筆時点で，「幼小一貫校」は，まだ制度化されていない。小中や中高は，いずれも義務教育段階を起点とする連携・一貫である。一方，幼小の場合，義務教育ではない幼児教育（就学前教育）が起点となり，さらに労働・福祉行政に関わる別制度「保育所」もあるため，連携・一貫教育の制度化は，容易ではない。

3. カリキュラムの接続を扱う論文執筆の要点

　第10章，第11章に引き続き，「学校などで何らかの実践が行われ，教師として携わった経験がある。これを修士論文にまとめたい」という場合を，三たび考える。第10章は「教科」，第11章は「教科外」が，それぞれキーワードだった。いずれも，本章第1節の内容からすれば，カリキュラムのアーティキュレーション（垂直方向の「接続」）に比べ，インテグレーション（水平方向の「統合」）という意味が強い。

　本章のキーワードはアーティキュレーション，すなわち学校段階間の「接続」だった。本章で紹介した見方や諸事例からすれば，修士論文執筆にあたり，次の2点が求められる。

（1）「前駅」と「次駅」とを意識する

　見出しの「前駅」と「次駅」は，「もののたとえ」である。このたとえで筆者が伝えたいのは，実践の前後関係への意識である。

　前述の「学校などで何らかの実践が行われ，教師として携わった経験がある」という場合，その実践を「当駅」とする。実践時点の学習者・教師・学校・地域・保護者は，「当駅」の前に，どこか「前駅」にいたはずである。「前駅」は，一つとは限らない。複数の路線が乗り入れることもある。また，「当駅」は終着駅ではなく，どこか「次駅」へと必ずつながる。もちろん，乗り換えや一時下車もありうるし，「当駅」からはバスや自転車，徒歩になるかもしれない。ともあれ，「当駅」はそこへやって来ていつか去る場所であり，住み続ける場所ではない。

　以上の「前駅」「当駅」「次駅」のたとえからすれば，実践を修士論文にする場合，実践前後の学校段階との関係も，考慮せざるを得ない。小学校4年生の実践を考える場合，既習や未習事項の確認も含め，3年生や5年生とのつながりを考えることは，さほど突飛ではない。これが幼稚園や中学校とのつながりとなると，どうだろう。内容によっては，高等学校と結びつくかもしれない。ゆえに，実践直前の既習事項や直後の学習内容に加え，前学年・後学年や学校段階の前後とのつながりにも，

必要に応じ言及したほうがよい。

　前節の事例に即して述べる。幼保小連携であれば、幼稚園・保育所の数や教育・保育の方針、小学校３年生の様子に加え、中学校進学時の状況も押さえておきたい。小中一貫の場合、幼稚園・保育所と小学校とのつながりから着手できるし、中学校進学時の転校者数（理由や国・私立受験の状況）、高等学校への進学状況も必須のデータとなる。中高一貫ならば、出身小学校の数や状況、高等学校段階の「編入」や「転校・退学」、そして就職や進学状況が、それぞれ基本情報として求められる。

　修士論文のテーマとして、連携・一貫に関わる教育実践を扱う読者がいるかもしれない。その場合も同様で、「前駅」や「次駅」含め、「当駅」を中心とした、全体の路線図が必須である。現在の学習指導要領や解説は「付録」として、複数の学校段階に関わる内容を収める。中学校の学習指導要領を例にとれば、義務教育学校等関係法令、中等教育学校等関係法令、幼稚園教育要領、そして100ページ以上の小学校学習指導要領が、すべて「付録」として冊子化されている（文部科学省　2018a）。賛否はともかく、国レベルの教育課程の基準から、連携・一貫を意識して「前駅」「次駅」を示す傾向にある、といえる。

（２）評価・結果レベルに配慮する

　本章第２節の通り、公刊された実践は、「目標・計画レベル」や「方法・実践レベル」が中心となりがちである。特に本章の連携・一貫教育は、制度化の経緯や普及が一様とはいえず、「評価・結果レベル」を議論するには時期尚早かもしれない。

　裏を返せば、「評価・結果レベル」を中心に扱うと、研究としての意義が高まると考えられる。ただ「言うは易く行うは難し」で、「評価・結果レベル」を修士論文で扱うのは、率直に言ってかなり大変である。

　「評価・結果レベル」を扱うには、まず前提として、「目標・計画レベル」や「方法・実践レベル」の総体を熟知する必要がある。素朴な効果検証モデルを考えても、操作や介入の様態が不明瞭であれば、得られた結果や効果が偶然か必然か、判断できない。この議論に関心のある方

は,「三た論法」(さんたろんぽう,「3た論法」とも)を検索語として,
インターネットや関連論文を漁ってみてほしい。次に「評価・結果レベ
ル」を扱うには,実証的な研究手法に通ずる必要がある。「目標・計画
レベル」や「方法・実践レベル」の執筆に加え,インタビュー調査や質
問紙調査の手法を初歩から学んで修士論文をまとめるには,相応の時間
を要する。最後に,何をもって実践の結果や効果とするか,それをどう
評価するか,当の実践を参照して判断しなければならない。この点,既
存の市販テストや全国学力・学習状況調査のスコアや順位の変動を,
「実践の結果」として扱う場合がある。これらのテストや調査が,当の
実践からみて妥当かどうか,熟慮と判断が求められる。当の実践との結
びつきが検討不十分だと,まぐれ当たりの意味不明な評価としか言いよ
うがない。

　学生や院生に限らず,「評価・結果レベル」を気にするあまり,「この
実践には効果があった」と,限られたデータから結論を急ぎがちであ
る。実践の効果を云々する前に,まずその実践で何が意図され,実際に
は何がどう行われたか,そして何が人々に起こったか／起こらなかった
か,多彩な情報を丹念に集めなければならない。仮に集めたとしても,
短期的な効果を議論できれば上々で,長期的な効果はさらに工夫を要す
る。

　修士論文を含め,研究には必ず何らかの制約や限定がある。連携・一
貫による長期的なカリキュラムの「接続」や,その効果を扱う場合,大
きな制約は「時間」,そしてその時間に耐える「気力」だろう。

引用文献

安藤福光・根津朋実（2010）「公立小中一貫校の動向にみる『カリキュラム・アーティキュレーション』の課題」『教育学研究』77（2），53〜64.

木村吉彦監修・仙台市教育委員会編（2010）『「スタートカリキュラム」のすべて』ぎょうせい。

桑原敏明（1988）「学校体系」平原春好・寺崎昌男編『教育小辞典　＜増補版＞』（初版1982）学陽書房，43.

柴谷晋（2009）『出る杭を伸ばせ　教育実験校「茗溪学園」プロジェクト』新潮社。

仙台市教育委員会（2018）『仙台市確かな学力育成プラン2018』（https : //www.city.sendai.jp/manabi/documents/tashikana0330.pdf），全57ページ.

中央教育審議会（1971）『今後における学校教育の総合的な拡充整備のための基本的施策について（答申）』（http : //www.mext.go.jp/b_menu/shingi/old_chukyo/old_chukyo_index/toushin/1309492.htm）.

長坂利厚（1989）「幼小連絡と生活科」『幼児の教育』88（4），38〜43.

根津朋実（2006）『カリキュラム評価の方法』多賀出版。

冨士原紀絵（2019）「教育課程をめぐる今日の動向（1）」根津朋実編『教育課程』ミネルヴァ書房，153〜166.

武蔵村山市教育委員会編著（2014）『小中連携による言語能力の育成　9年間で「言葉の力」を鍛える』ぎょうせい。

武蔵村山市（2017）「武蔵村山市立学校一覧」（平成29年4月4日更新）（http : //www.city.musashimurayama.lg.jp/kurashi/kyouiku/1000940.html）.

茗溪学園中学校高等学校（2019a）ホームページ（http : //www.meikei.ac.jp）.

茗溪学園中学校高等学校（2019b）『学園案内』（http : //www.meikei.ac.jp/s/wp-content/uploads/2019/06/meikei2020.pdf），全28ページ.

文部科学省（2008）『小学校学習指導要領解説　生活編』（http : //www.mext.go.jp/component/a_menu/education/micro_detail/__icsFiles/afieldfile/2009/06/16/1234931_006.pdf）.

文部科学省（2020）"Chapter 1 General Provisions"（https : //www.mext.go.jp/content/20200227-mxt_kyoiku02-100002604_1.pdf）.

文部科学省（2012）「中高一貫教育の概要」（http : //www.mext.go.jp/a_menu/shotou/ikkan/2/1316125.htm）.

文部科学省（2018a）『中学校学習指導要領（平成29年告示）』東山書房。

文部科学省（2018b）「Ⅱ　調査結果の概要　［学校調査，学校通信教育調査（高等学校）］」『学校基本調査　—平成30年度結果の概要—』（http : //www.mext.go.jp/

component/b_menu/other/__icsFiles/afieldfile/2018/12/25/1407449_2.pdf).

山本由美・藤本文朗・佐貫浩編（2011）『これでいいのか小中一貫校　その理論と実態』新日本出版社。

◉学習課題 ────────────────────────

1．自分が携わった実践について，前後の学校段階との関係や，既習事項・直後の学習内容，および前学年・後学年とのつながりを書いてみよう。

2．自分が携わった実践について，「目標・計画レベル」，「方法・実践レベル」，および「評価・結果レベル」に分けて，それぞれ書き出してみよう。

13 | カリキュラムの分化と統合

根津　朋実

≪目標＆ポイント≫　総合的な学習の時間や教科等横断的な学習において注目されるカリキュラムの統合という視点から，その研究成果と課題を具体的に検討する。

　まず，前章の内容を参照しつつ，カリキュラムの分化と統合について概説する（第1節）。次に，小学校低学年の教科「生活科」と，各学校段階の領域「総合的な学習（探究）の時間」を例に，主にカリキュラムの統合を検討する（第2節）。まとめとして，カリキュラムの分化と統合を研究として扱う際の必要な視点を述べる（第3節）。

≪キーワード≫　インテグレーション，総合的な学習（探究）の時間，生活科

---

1. カリキュラムの「分化と統合」

　前章で，カリキュラムの「接続」（articulation，アーティキュレーション）を述べた際，「統合」（integration，インテグレーション）にも触れた。教育段階の垂直方向の「接続」を指すアーティキュレーションに対し，インテグレーションは，教育系統（普通，職業，障害など）の水平方向の「統合」を指す（桑原　1988）。

　前章で扱った「幼小連携」や「中高一貫」，また「高大接続」といった話題は，アーティキュレーションと関係が深い。他方，インテグレーションは，「合科」，「統合教育」・「インクルーシブ教育／インクルージョン（教育）」（inclusive education/inclusion（education））や，中等教育の総合制（comprehensive）といった話題と関係する。逐一列挙しないが，「統合教育」等は主に特別支援教育の分野，中等教育の総合制は主に職業教育やキャリア教育の分野で，それぞれ議論されてきた。

（1）「分化」と「統合」

「統合」とは逆に，水平方向で細かく「分化」することも，もちろん
ある。語"integration"の対義語は"segregation"だが，この語は「分
離」や「隔離」「差別」等とも訳され，歴史的な経緯もあり，単なる
「分ける／分かれる」を超えた否定的な意味で用いられる場合がある。
また，"differentiation"を「分化」と訳す例がある（森　2003）。この語
はもともと，「般化」（generalization）と対で用いられる，学習理論の
語である（内山　1988）。「般化」を「総合化」と読み替えれば，"differ-
entiation"には「差異化」という訳もありうる。さらに「専門分化」と
いう場合，"specialized"や"specialization"という語もある。

「分化」と「統合」とは，お互いを必要とする関係にある。一定のま
とまりがなければ，そこから分かれられない。つまり「分化」は，ある
程度「統合」された状態を前提とする。「統合」も同じである。いくら
か分かれているからこそ，それらをまとめられる。つまり「統合」は，
ほどほどに「分化」した状態を前提とする。「分化」と「統合」との関
係は，ちょうど「部分」と「全体」とに似る。「部分」への注目は，そ
れら「部分」が属する「全体」を含意するし，「全体」への意識は，い
くつかの「部分」へと分割できることを前提とする。

留意すべきは，「分化は良いが統合は悪い」等と，一概に言えないこ
とである。「分化」も「統合」も，ある状態から別の状態へと推移する
さまを表した概念であり，価値判断とは関係がない。なお第10章の図
10-1（「カリキュラム構造の類型化」）で，「分化」と「統合」とは登場
済みである。図10-1では，軸の両極にある概念として配置される。

（2）教科等再編と「分化と統合」

前項の議論をカリキュラム研究に適用すると，どうなるか。インクル
ーシブ教育や，高等学校の「総合学科」に代表される普通教育と職業教
育との関係もありうるが，ここまでの各章に合わせ，本章は教科や領域
の再編を扱う。つい「教科再編」と書きたくなるが，教科外の領域も射
程に含めるため，「等」を追加して「教科等再編」と呼ぶこととする。

　教科等再編とは，新教科等の形成，既存の教科等の分割，および第11章で述べた教科化や領域化を指す。

　年間の授業時数には，法的な定めがある（例：学校教育法施行規則，別表第一や第二など）。よって教科等の新設により，授業時数を自由に追加できるわけではない。ゆえに教科等を新設する際，既存の他教科等との間で，時数や内容を調整しなければならない。このとき，「分化」と「統合」とが同時に起こる。教科等の新設は，他教科等から見れば何らかの「分化」を伴うし，新設された教科等では，他教科等から「分化」された内容が一つの教科等へと「統合」される。教科等の新設は，既存の仕組みとの各種調整が欠かせない。これは，プロ野球のチーム創設や銀行の統合再編のような，各種の組織改編とも似る。

　既存の教育内容をより専門的に扱うため，既存の教科等を細かく分ける場合もありうる。この場合，細かく分ける手続き自体は「分化」だが，「分化」させた後のまとまりを，まったく無視するわけにもいかない。細かく「分化」させた内容を，もとの上位の水準で，どう束ねてまとめるか。これはまさに「統合」の発想である。これを欠くと，「分化」というより「分解」や「解体」に近くなるだろう。

　教育内容の「分化」や「統合」は，関連組織の「分化」や「統合」とも結びつく。教科別に出される中学校や高等学校の教諭免許状が，好例である。教科等の新設の場合，「何をどう教えるか」もさることながら，「誰がそれを担当するか」が重要である。

　担当教科等と免許状との関係は，「教育職員免許法」で定められる。近年，小学校で教科化された「外国語科」に関し，教員養成課程に外国語の指導法が授業科目として置かれた。ただし，小学校の教諭免許状とは別に，小学校の外国語科の免許状が新規追加されたわけではない。小学校の教諭免許状は教科別に「分化」せず，制度上「統合」されているからである。これに対し，1999（平成11）年，高等学校の学習指導要領で登場した普通教科「情報」の場合，高等学校教諭免許状「情報」が，原則として必要である。高等学校の教諭免許状は，制度上「分化」されているからである。

2. 教科等再編に見る「分化と統合」

　以下，小学校「生活科」，および「総合的な学習（探究）の時間」を対象に，教科等再編に見る「分化と統合」の各論を検討する。いずれも「統合」に重きが置かれる。本章では割愛するが，「分化」に重きが置かれた例として，高等学校「社会科」が「地理歴史科」と「公民科」とに再編された経緯がある（第10章の第3節）。

（1）「生活科」の誕生に見る「統合」

　周知の通り，1989（平成元）年の学習指導要領で，小学校の低学年（第1・第2学年）に，「生活科」が誕生した。この新教科の誕生に伴い，当該学年の「社会科」と「理科」とが消滅した。生活科の誕生以前，低学年の社会科と理科は，それぞれ週2回相当の授業時数だった（第1学年：年間34週で68時間，第2学年：年間35週で70時間）。生活科は週3回の授業時数だった（第1学年：年間34週で102時間，第2学年：年間35週で105時間）。生活科の学年配当や授業時数の配当は，誕生以来，本稿執筆の時点（2019年秋）まで，30年間変更がない。

　生活科誕生の経緯は，吉冨・田村（2014）に詳しい。同書は，当時の文部省で生活科の誕生に携わった担当者，学校や文部科学省で生活科の実践を支えた実践者・指導者，そしてそれらの経緯を整理する研究者と，多様な立場で著されている。とりわけ，往時の当事者4名のインタビューによる章（第3章「教育の歴史が動くとき」）が，興味深い。

　表13-1に，同書による生活科成立の各段階と，影響を与えた審議会答申などを示す。生活科成立までには相応の「前史」があり，実現しなかったが，「環境科」が構想されたともいわれる（同：122）。

表13-1　生活科成立の各段階（吉冨・田村　2014による）

段階	年	記　　事
前検討		デューイ（Dewey, J.）や日本の教育思想 大正自由教育 戦後，昭和20年代（1945～54）の教育実践　など
揺籃	1967（昭和42） 1971（昭和46）	教育課程審議会・答申 中央教育審議会・答申（「四六答申」）
第一次 検討	1975（昭和50） 1976（昭和51） 1982（昭和56） 1983（昭和58） 1984（昭和59）	教育課程審議会・中間まとめ 教育課程審議会・答申 研究開発学校・指定開始 『小学校教育課程一般指導資料Ⅰ』・刊行 中央教育審議会教育内容等小委員会・審議経過報告 「文化と教育に関する懇談会」・報告
第二次 検討 ・前期	1984（昭和59）	「小学校低学年教育問題懇談会」・設置 （1986（昭和61）年までの2年間，15回の会議を開催，まとめを作成）
第二次 検討 ・後期	1986（昭和61） 1987（昭和62） 1988（昭和63） 1989（平成元）	臨時教育審議会・第二次答申（小学校低学年，教科の総合化を提言） 教育課程審議会・中間まとめ（生活科を提起） 小学校学習指導要領（生活科）協力者会議・発足 教育課程審議会・審議のまとめ 「生活科に関する研究推進校」・指定 学校教育法施行規則・一部改正 小学校学習指導要領・改訂（生活科の設置） 『小学校指導書　生活編』・刊行
準備 ・実施	1990（平成2） 1991（平成3）	文部省・指導資料の刊行（1995（平成7）年までに計4冊） 『初等教育資料』・臨時増刊（1996（平成8）年までに計4回の臨時増刊）

吉冨・田村（2014：8～42）に基づき，筆者作成。

　本章の関心事である「統合」については，生活科成立に関する「合科」や「総合」の議論が関連する。かつての当事者・吉武弘喜（元文部省）による，次の証言が興味深い。

　　実を言うと，**カリキュラム研究の向かうべき先は，合科・総合しかないと言っても過言ではないのです。**戦前からそうでした。明治以来，国が定めた教科割での教育の改善について研究するとき，結局，その科目区分を変えてみるというアプローチを取らざるを得ないからです。
　　文部省が決める教科・科目構成は，どちらかというと，社会的な要請を強く意識していて，また学問の縦割りも必然的に影響してその構成ができています。

> 　一方，それを変えてみようという研究のときは，子どもの生活，ある
> いは子どもの自然な成長という観点から，未分化な子どもの認識に合わ
> せて，どのように教育内容を区分していったらよいかという研究になる
> のです。
> 　そもそも，新しいことに取り組もうとする教育専門家というのは，子
> どもの能力開発を重視する立場に立つものです。そうであるからこそ，
> **合科・総合の方向**に向かうのです。戦前からの様々な教育研究の先進的
> な事例も，みなそうでした。
> 　　　　　吉冨・田村（2014：86）より抜粋。太字強調は原文のママ。

　引用から，次の諸点の認識を読み取れる：（1）「戦前からの様々な
教育研究の先進的な事例」が意識され，表13-1の「前検討」段階に合
致する，（2）「分化」に類する語として，「教科・科目構成」，「科目区
分」，「学問の縦割り」，「教育内容を区分」がある，（3）「統合」に類す
る語として，「合科・総合（の方向）」，「未分化な子どもの認識」があ
る，（4）（2）と（3）とは，対比的に論じられる。このとき，「未分
化」は子どもに特有の発達段階を示しており，悪い意味は持たない。

　詳細は割愛するが，同様の認識は，他の当事者にもみられる。すなわ
ち，「**基礎教育や発達段階に応じた教育については，戦前の時代からず
っと課題であり続けていた**と言うことができます。それが，**戦後，教科
が分化してきたときに，果たしてそのあり方が子どもの発達段階に合っ
ているのかが問われた**のだと思います」（吉冨・田村　2014：106，廣瀬
雅哉（元文部省）による。太字の強調は原文のママ）と。

　以上，生活科という「統合」型の新教科が誕生した背景には，従来の
理科・社会科による「分化」，および「子どもの発達段階」と教科構成
との整合性が，それぞれ課題とされていたと考えられる。生活科誕生
後，学校週5日制導入時にも授業時数は減らされず，今日に至ってい
る。結果的に，小学校の教育課程における生活科の位置は，誕生時より
も重みを増しているといえよう。実際，前章で触れた「スタートカリキ
ュラム」に代表される「幼小連携」は，生活科と密な関係にあった（第
12章第2節の（1））。

（2）総合的な学習（探究）の時間に見る「統合」

　まず生活科と同様に，事実を整理する。以下，簡略を期すため，（探究）は略す。

　第11章の第2節の（3）で，領域「総合的な学習の時間」を取り上げた。この領域は，1998（平成10）年の学習指導要領で導入された。当時は学校週5日制の全面実施に向けて動きつつあり，当然，週あたりの授業時数は削減を余儀なくされた。その一方で，年間の授業週数は35週（小学校第1学年は34週）で据え置かれた。かつては土曜日も通常の授業日で，午前中に数コマ実施していた（俗に「半ドン」ともいう）。

　総合的な学習の時間の略年表は，第11章の表11-3で示した。ここでは表13-2に，中学校の授業時数の変遷を示す。

　表13-2から，次の諸点を指摘できる。

- ・1998（平成10）年，8教科の時数が減らされ，総授業時数は前回から約6.7%減となった（980/1050×100（%）＝93.3%）。
- ・2008（平成20）年，6教科の時数が増やされ，総授業時数は前回から約3.6%増となった（1015/980×100（%）＝103.6%）。
- ・2017（平成29）年は，前回改訂から時数の変更がなかった。

　総合的な学習の時間の導入時は，学校週5日制で総授業時数が削減され，それまでの選択教科や他の教科で減らされた時数をもとに，まったくの「新規純増」によって新領域が誕生したことになる。その後は総授業時数の35時間増（980→1015，週1コマに相当）とは逆に，総合的な学習の時間の時数は縮減傾向にある。小学校の場合，従来の総合的な学習の時間における国際理解教育などから，新領域「外国語活動」設置（2008〈平成20〉年）や新教科「外国語」設置（2017〈平成29〉年）への移行もあった。これは第11章第2節の（4）で述べた。

　本章の観点「分化と統合」からすれば，総合的な学習の時間を一領域として「統合」すべく，多くの教科等の時数を削減したようにみえる。これは，時数のみの表層的な見方にすぎない。総合的な学習の時間の導

表13-2　中学校の授業時数の変遷

教科等		学習指導要領の告示年			
		1989 （平成元）	1998 （平成10）	2008 （平成20）	2017 （平成29）
教科等	国　語	中1：175 中2：140 中3：140	140　↓ 105　↓ 105　↓	140 140　↑ 105	140 140 105
	社　会	140 140 70～105	105　↓ 105　↓ 85	105 105 140　↑	105 105 140
	数　学	105 140 140	105 105　↓ 105　↓	140　↑ 105 140　↑	140 105 140
	理　科	105 105 105～140	105 105 80　↓	105 140　↑ 140　↑	105 140 140
	音　楽	70 35～70 35	45　↓ 35 35	45 35 35	45 35 35
	美　術	70 35～70 35	45　↓ 35 35	45 35 35	45 35 35
	保健体育	105 105 105～140	90　↓ 90　↓ 90　↓	105　↑ 105　↑ 105	105 105 105
	技　術・ 家　庭	70 70 70～105	70 70 35　↓	70 70 35	70 70 35
	外　国　語	（105～140） （105～140） （105～140）	105 105 105	140　↑ 140　↑ 140　↑	140 140 140
	道　徳	35 35 35	35 35 35	35 35 35	35 35 35
	特別活動	35～70 35～70 35～70	35 35 35	35 35 35	35 35 35
	選択教科 等	105～140 105～210 105～280	0～30 50～85 105～165	（記載なし） （記載なし） （記載なし）	（記載なし） （記載なし） （記載なし）
	総合的な 学習の 時間		70～100 70～105 70～130	50　↓ 70 70	50 70 70
総授業時数		1050 1050 1050	980　↓ 980　↓ 980　↓	1015　↑ 1015　↑ 1015　↑	1015 1015 1015
備　　考		外国語は選択教科の時数に含まれる。特別活動の時数はクラブ活動を含む。	学校週5日制に対応。クラブ活動は事実上廃止。外国語は必修教科化。	選択教科は事実上廃止。	道徳、「特別の教科」とされる。

教科等の枠内の数字は，上から第1学年・第2学年・第3学年の授業時数を示す。
矢印（↓，↑）は，前回改訂時からの変動を示す（原則として波型（～）を除く）。
教科等の並びや名称は，告示年により異なる場合がある。
学校教育法施行規則を参照し，根津作成。

入後に喧伝された「ゆとり教育批判」や「学力低下論」を見れば，総合的な学習の時間のために，多くの教科が削減時数に見合う内容を積極的に「分化」したかどうか，疑わしい。当時，教科書がない，専門の教員もいない，何をするか明示されない，自分も経験したことがない，結局どうすればいいのかわからない時間が，週２コマ分も突如出現した，と教師が感じても不思議ではない。加えて土曜日は休みとなり，これまで教えていた内容は他学年に移行したり削減されたりしてしまった，これは学校教育の危機，一大事だ，ととらえられた可能性も，十分にある。

　次に，内容面の「分化と統合」を確認する。総合的な学習の時間の導入に際し，第11章第２節の（３）で中教審答申を参照し，次の論理を確認した：全人的な［生きる力］育成が必要→各教科などの連携に加え，横断的・総合的な指導が必要→各教科などにかかわる内容への社会的要請→各教科の内容厳選により一定のまとまった時間を確保。うち「各教科などにかかわる内容」として，「国際理解教育，情報教育，環境教育など」が挙げられていた。これらに少子高齢化に伴う「福祉」を加えれば，のちの総合的な学習の時間の典型例そのものである。さらに「国際理解教育」は，小学校の領域「外国語活動」および教科「外国語」創設，高等学校のスーパーグローバルハイスクール（SGH：Super Global High-School）設置や英語教育改革，そして近年の日本語教育の拡充など，具体的な施策として「分化」しつつある。「情報教育」も，高等学校の普通・専門教科「情報」やICT教育の振興施策，教科「理数」新設など，やはり「分化」の傾向にある。関連して，STEMやSTEAM（Science, Technology, Engineering〈, Art〉& Mathematics）教育への注目は，教育内容の「分化」に対する「統合」の動きとも考えられる。

　先の論理で注目すべきは，「各教科<u>など</u>にかかわる内容」という表記である（下線は引用者による）。うっかり「教科横断的」と書きたくなるが，筆者が確認した限り，2017（平成29）年告示の学習指導要領中，語「教科横断的」は見当たらない。かわりに語「教科等横断的」や，総合的な学習（探究）の時間に関係する語「横断的・総合的」が存在する。つまり，総合的な学習の時間で想定される教育内容には，既存の各教科

の組み合わせに限らず，教科以外のものも当然含まれる，という前提がある。この点，専門用語「クロス・カリキュラム」(cross-curriculum/curricular) は「教科横断的」と翻訳されるが，教科外の領域を含む日本の教育課程行政とは事情が異なるため，注意を要する。

　総合的な学習の時間の導入前と後で，教育課程の構造や各教科・領域のあり方は，同じではなくなったと考えられる。総合的な学習の時間は，教育内容の「統合」を目指す。この点，前述した生活科に似る。ただしその前提は，教科や教科外を含め「分化」した内容である。また教育課程の水準で見れば，「統合」をうたう領域を，既存の各教科の時数を削減して「分化」させた，といえる。

　本稿執筆の時点で総合的な学習の時間は，導入から20年しか経っていない。大多数の教科や特別活動に比べれば，明らかに日が浅い。この領域は，詳しく見れば完全な「新規立ち上げ」ではなく，それまでの各教科・領域の諸実践や，かつての「ゆとりの時間」（丸山　1981）の経験が引き継がれたとも考えられる。実践の拡充もさることながら，今後の研究の進展が望まれる。

3.　カリキュラムの分化と統合を扱う論文執筆の要点

　これまでの章に続き，「学校などで何らかの実践が行われ，教師として携わった経験がある。これを修士論文にまとめたい」という場合を考える。第10章は「教科」，第11章は「教科外」，そして第12章は「接続」が，それぞれキーワードだった。

　本章のキーワードは，第12章と対をなす，カリキュラムの「分化と統合」だった。読者によっては，修士論文のテーマが，この内容とは関係が薄いかもしれない。そこで議論をやや広げ，次の2点を要点として記す。

（1）概念や用語はセットで考える

　本章はカリキュラムの「分化と統合」を扱った。その際，「分化」や「統合」を別個に扱わず，むしろ両者は「不離不即」の関係にあると前

提した。前節で確認した通り，生活科や総合的な学習（探究）の時間の成立には，カリキュラムの分化と統合という両面の作用があった。

　以上の手続きには，「分化は良い，統合は悪い」，あるいは「分化は良くない，統合が望ましい」といった価値観は，基本的に含んでいない。これは，分化だけ，統合だけを扱わず，両者をコインの両面のような一対の関係としたためである。一対の関係にあるものの片方だけに注目すると，研究の用語というより，何らかの主義主張をうたう標語（スローガン）と化しやすい。

　研究の用語や概念は，ものの名前同様，「良い」「悪い」といった価値判断とは，基本的に無縁である。他方，実践は「良いものだから推進する」以上，用語に規範的な（望ましい）意義を持たせる場合が珍しくない。前章の例でいえば，「小中一貫」や「小中連携」はある状態を表すにとどまらず，一種の標語（スローガン）として語られる。某市の教育委員会が，「某市は小中一貫教育を推進しています！」とホームページなどに記す場合，「小中一貫」には「教育行政として公金を使って推進すべき良きもの」という，一定の価値が明らかに含まれる（そもそも「教育」もそうではないか，という論も成り立つ）。では逆に，「取りやめるべき悪しきもの」は何か。故事成語の「朝三暮四」ではないが，何かが推進される場合，同時に別の何かが否定されたり隠されたりすることに，留意しなければならない。

　カリキュラムの「分化と統合」も同様で，「分化」は良くないが「統合」は良い，と決めてかかるのは，危うい。実際は第２節の事例のように，「統合」は「分化」を，そして「分化」は「統合」を，それぞれ前提とする。どちらが本質的に良い・悪いという関係にはなく，せいぜい「当時はそれが問題と考えられていた」という程度である。

　前章の「接続」も，同様の論理で精緻化できる。「つなげる」ことだけに意義があるのではなく，各種の昇級試験のように「切り離す」，「段差を設ける」ことも，教育的な意義がある。さて，「つなげる」ことを「接続」と呼ぶなら，「切り離す」ことはどう呼ぶか。「接続」の原語「アーティキュレーション」（"articulation"）には，人間の関節のように，

「分かれている」部分を「つなぎ合わせる」という意味がある。もちろん，この語自体に「良い・悪い」はない。ゆえに「つなげる」ほうは「連節化」，「切り離す」ほうを「分節化」と別個に名づければ，良い・悪いという議論から距離を置ける。大学院生時代，筆者は「つなげる」ほうを「円滑化」と記し，指摘された経験がある。「円滑化」という表現を選んだことに，「つなげる」＝良いという価値観が混入していないか，という鋭い指摘は，印象に残っている。

「統合は良い，分化は悪い」という前提で書きたい読者がいるかもしれないが，それでは判決ありきの裁判のようなもので，前提に合う証拠だけを集めがちとなる。これは「さくらんぼ狩り」（"cherry (-) picking"，意訳すれば「いいとこ取り」）とも呼ばれ，学術研究の禁じ手とされる。「なぜ統合は良いのか」，「なぜ分化は悪いのか」，そして「なぜ良い悪いと最初から決めつけて議論するのか，根拠は何か」など，前提「統合は良い，分化は悪い」に対する一連の問いに答えるのは，難しい。ただし，論文中で十分な根拠を示し，その帰結として，「この場合の統合は良い，分化は悪い」と結論で主張するのは，いっこうにかまわない。それでも，「判断の根拠はそれで十分か，偏っていないか」という問いは，必ず残る。

修士論文執筆に当たり，具体的には，実践の用語が標語（スローガン）なのか，学術的な専門用語なのか，吟味区別する作業が求められる。「分化と統合」の場合，両面を見て一対で扱うことで，標語（スローガン）化を避けられる。いわゆる「主体的・対話的で深い学び」は，たとえば「客体的・独話的で浅い教え」と対で考えると，その「標語性」，すなわち政治性に気づける（ただし，政治性がすべて悪いというわけでもない）。また，一つの実践を両面から検討すれば，より深い考察が可能となる。「良し悪し」に限らず，「光と影」や「功罪」など，実践を一面的でなく両面からとらえることで，批判や反論，異論にも備えられる。

（2）総論と各論とを関係づける

　（1）では，概念の組み合わせを述べた。修士論文の構成にも，同じことが当てはまる。端的に言えば，主題と内容との組み合わせ，およびその重要性である。主題を総論とすれば，修士論文の各章や各部は各論である。これらが一貫して整合するよう，推敲を重ねる必要がある。

　通常，「無題の修士論文」は存在しない。他の学術論文でも同じである。無題では，何の研究かまったくわからない。ゆえに主題が必要となる。主題は内容の究極の要約であり，いわば「総論」に当たる。よって，修士論文が全体として何を扱ったのか，主題で明示しなければならない。

　好みや学風にもよるが，「…一考察」や「…の研究」等の語は，基本的に不要である。修士論文に限らず，すべての学術論文は「一考察」の結果であるし，「研究」の成果である。これらの語を除去して残る言葉が少ないと，主題もさることながら，内容の検討自体が足りないかもしれない。主題が過大で，扱う内容が過小な場合もある。仮想の例だが，主題が「日本の教育の問題について」，内容が「知り合い３人にインタビューした結果の報告」では，成果はあまり期待できそうにない。内容に見合った主題が付されているかどうか，つまりは主題に見合った内容構成になっているか，ここが決定的に重要である。

　実務経験や手元の資料が豊富な読者は，修士論文であれも書きたい，これも入れたいと，「大志」や「野望」を持つかもしれない。実際には，その経験や資料が主題とどう関連し，論文全体にどう位置づくかという，冷徹で論理的な判断が求められる。どうにでも書ける主題をつけておき，各論はとにかく今までの実践や調べたことをずらっと並べるという手法が，最悪である。一つの研究として内容に一貫性がなく，内容相互の連関も薄いとなると，「いろいろやってるのはわかるし，個別に見れば面白いが，全体としてまとまりがない」と，不本意な論評をされかねない。

　具体的には，主題の吟味検討，そして主題に合わせた内容の取捨選択，および内容相互の関連の検討を勧めたい。各章や各部でも，基本的

に同じである。「主題の言葉が各章（部）に含まれているか」,「なぜこの順序で述べるのか」,「次の章（部）とどう関係するのか」,「この内容は巻末資料の扱いで十分ではないか」,「ページ数の差が大きすぎないか」等々, これらは編集作業そのものである。内容に見合った主題や見出しを設定できるようになるには, 相応の場数を要する。良質な研究は, たいてい良い主題や構成を持つ。主題と構成を知るという意味では, 学術雑誌の書評や図書紹介も参考になる。

引用文献

内山武治（1988）「般化」平原春好・寺崎昌男編『教育小辞典　＜増補版＞』（初版1982）学陽書房, 230.

桑原敏明（1988）「学校体系」平原春好・寺崎昌男編『教育小辞典　＜増補版＞』（初版1982）学陽書房, 43.

丸山義王（1981）「小学校における『ゆとりの時間』はどのように設計されているか」『学校経営研究』（大塚学校経営研究会）6, 97〜107.

森久佳（2003）「デューイ・スクール（Dewey School）におけるカリキュラム開発の形態に関する一考察」『教育方法学研究』（日本教育方法学会）28, 23〜33.

吉冨芳正・田村学（2014）『新教科誕生の軌跡　生活科の形成過程に関する研究』東洋館出版社。

◉**学習課題** ─────────────────────────────

1．自分が携わった実践を，他の概念や言葉，外国語で言い換えてみよう。それと関連する概念や言葉を考え，自分が携わった実践の意味や意義を書いてみよう。

2．「どうにでも書ける主題をつけておき，各論はとにかく今までの実践や調べたことをずらっと並べる」となっていないか，構成を見直してみよう。

14 ｜ カリキュラムの評価

根津　朋実

≪目標＆ポイント≫　カリキュラムを評価する意義を中心にその理論と実践を検討し，研究の成果と課題を具体的に検討する。

　始めに，カリキュラム評価の理論を概説する（第1節）。続けて，カリキュラム評価の実践方法を紹介する（第2節）。最後に，カリキュラム評価の知見に基づく論文執筆の要点を示し，まとめとする（第3節）。

≪キーワード≫　カリキュラム評価，カリキュラム・マネジメント，チェックリスト法

----

1. カリキュラム評価の理論

　カリキュラム評価（curriculum evaluation）とは，文字通り「カリキュラム」を「評価する」ことである。ただし，「カリキュラム」や「評価」は，時代や論者により語義が異なる。近年の教育行政にも，語「カリキュラム評価」が登場した（教職課程コアカリキュラムの在り方に関する検討会　2017）。時代や論者による差異にとどまらず，行政による公的な定めも含めた検討を要する。

（1）カリキュラム評価はプログラム評価の一種である

　まず，教育に限らず，広く評価一般を考察する。辞書的な意味で評価とは，ものや事柄の価値を判断する営為をいう。価値を評するから，評価なのである。ゆえに，価値や判断に言及しない評価はあり得ない。

　以上の前提によれば，日常生活は評価の連続である。なぜその服を今日は着るのか，なぜ昨日の夕食はあれだったのか。これらは選択や決定の結果であり，選択や決定は判断の表明である。「なんとなく」や「い

つも通り」，「誰々さんに従った」も含め，判断は評価の結果である。

　教育評価という場合，文字通り教育分野の評価を意味し，しばしば学校教育の評価活動を指す。家庭教育や社会教育の評価も教育評価と呼べるはずだが，あまり用例がない。国家の規模で制度的・組織的に実施されてきたのは，学校教育の評価活動だからかもしれない。

　さて学校教育の評価活動も，多種多様である。もっともなじみ深いのは，通知表や各種のテストに代表される，児童生徒の学習成果の評価である。入学試験や作品の提出，各種のコンクールやコンテスト，「○○五輪」「△△甲子園」なども，広くは学習成果の評価に属する。単に「教育評価」というと，この児童生徒の学習成果の評価を指す場合が多い。

　他に，企業でいえば人事考課（personnel evaluation）や組織評価に当たる，教師や組織の評価がある。教員評価，学校評価といった語が関連し，学校で働く教職員，および学校全体の仕組みや環境を，それぞれ評価の対象とする。前者の例として，優秀教員の表彰や人事，給与への反映が挙げられる（文部科学省　2015）。関連して，かつては教職員組合を中心に，勤務評定に反対する「勤評闘争」が展開された。近年の人事評価は，以前の勤務評定との違いを意識して導入されている（同：152）。2009（平成21）年度から開始された教員免許状更新制も，広義の教員評価に含まれる。後者の学校評価の例としては，『学校評価ガイドライン〔平成28年改訂〕』（文部科学省　2016）がある。「学校評価については，平成14年4月に施行された小学校設置基準等において，各学校は自己評価の実施とその結果の公表に努めることとされた。また，保護者等に対する情報提供について，積極的に行うこととされた」（同：「はじめに」）とあり，現在，学校評価は公的な位置づけにある。

　本章や本項の見出しにある「カリキュラム評価」は，上の二つとはまた異なる。カリキュラム評価は，学校の「カリキュラム」そのものの評価を指す。「カリキュラム」は学校を含む教育業界の用語であり，これを広く見れば，系統的・意図的に行われる「プログラム」（program）に当たる。語「プログラム」自体は，コンピュータのプログラム，結婚

式や演奏会のプログラム，禁煙やダイエットのプログラムなど，日常生活で幅広く用いられる。学校教育に特化したプログラムを，特にカリキュラムと呼ぶわけである（根津　2019）。本項の見出し「カリキュラム評価はプログラム評価の一種である」は，以上の議論に基づく。

（2）カリキュラムの評価は児童生徒の学習評価とは次元が異なる

前項の議論から，カリキュラム評価は，学習評価や教員評価，学校評価によって置換できないと考えられる。

児童生徒の学力調査の結果が良いと，その学校のカリキュラムは良いと判断できるだろうか。学力調査の結果には，家庭学習や通塾といった学校外の影響もありうるし，教職員による指導の質も無視できない。都市と地方に代表される，各種の差も影響する。学校が学力調査の「対策」や「練習」に血道を上げるのは論外だが，現実には起こりうるし，報道もされる（2007年7月報道，東京都A区の例など）。児童生徒の学力調査の結果が良くても，過労などで教職員の休職が頻発すれば，その学校のカリキュラムを問題なしとは判断しがたい。児童生徒の学力調査の結果が良くても，一部教科や領域の未履修があったり，いじめや不登校，非行といった問題行動が頻発したりすれば，その学校のカリキュラムは，「要改善」と判断すべきである。

学校評価とカリキュラム評価との関係は，少し複雑である。両者とは別に，「教育課程の評価」が存在するからである。そもそもカリキュラムと教育課程とは，同一の概念ではない（根津　2019）。教育法規や行政では，基本的に「教育課程」が用いられる。ゆえに，学校評価や教育課程の評価は，教育行政となじみ深い。これらに比べ，行政資料でのカリキュラム評価は，カリキュラム・マネジメントとの関係で，ようやく登場したばかりである（教職課程コアカリキュラムの在り方に関する検討会　2017：16）。語「カリキュラム評価」は，教育行政では歴史が浅い。

他方で語「教育課程の評価」は古く，被占領期の学習指導要領一般編（試案）にみられる（文部省　1951）。枠内に関連する見出しを示す。

IV　教育課程の評価
　1．教育課程の評価はなぜ必要か
　2．教育課程の評価は誰が行なうか
　3．評価の着眼点
　　(a)　教育的な成果から行なう評価
　　(b)　実験研究によって行なう評価
　　(c)　外部的な要素による影響の分析
　　　(i)　地域社会の人々の影響
　　　(ii)　入学考査
　　　(iii)　地域社会の伝統
　　　(iv)　地域社会の職業的な経験
　　　(v)　教育課程の進歩を促す好ましい外部的要素
　　(d)　地域社会に与える影響から見た評価
　　(e)　指導法からみた評価
　　(f)　教育課程の改善を行うに至った導因およびそれに用いた方法
　　　の評価

文部省（1951）を参照し，根津作成。

　枠内の見出しの通り，学校の「教育課程」を評価する理由，評価主体，評価の観点（着眼点）等は，カリキュラム・マネジメントやカリキュラム評価が教育行政で使われる以前に，学習指導要領（試案）に示されていた。参考として，「教育課程の評価はなぜ必要か」を全文引用する。

　それぞれの学校においては，それぞれの教育課程が作られ，それに基いて教育が行われている。この教育課程は，絶えず，教育課程構成の原理や実際の指導にかんがみて，それが適切であったかどうかが評価されなければならない。評価といえば，学習成果の評価のみを考えやすいが，教育は，そのあらゆる部面にわたって絶えず評価される必要がある。教育課程を評価することによって，われわれは，一つには，その教育課

程の目ざしている教育目標が，どの程度に実現されることができるかどうかを知ることができる。また二つには，教育課程の改善と再構成の仕事の資料を得ることができる。

　教育課程は，このように，それを絶えず評価することによって，常に改善されることになる。したがって教育課程の評価と教育課程の改善とは連続した一つの仕事であってこれを切り離して考えることはできない。この意味において，教育課程の評価は，教育課程の計画，その展開とともに，児童・生徒の学習を効果的に進めていく上に欠くことのできない仕事である。

文部省（1951）。下線は引用者による。

　この引用から，教育課程の評価が学習成果の評価とは異なるという認識を，容易に読み取れる。併せて，適切さの検証，教育目標の実現，そして改善のための資料収集と，教育課程を評価する必要性も示される。とくに後半の段落には，近年のいわゆるPDCAサイクルや，動態的なカリキュラム概念に通ずる認識すらうかがえる。

　1958（昭和33）年以降，語「教育課程の評価」は，学習指導要領の「本文」からは姿を消す。詳細は他書に譲るが，占領の終わりと「再独立」，教育を含む被占領期の政策の見直し，そして「逆コース」といった動向のもと，学習指導要領の「告示」によって法的拘束力が確立された経緯と，無縁ではない。被占領期の学習指導要領（試案）に登場した，児童生徒の学習評価とは異なる「教育課程の評価」は，戦後の日本にあまり定着しなかったといえよう。

　今日の「カリキュラム評価」の状況は，研究・行政・実践という立場から，次の通り整理できる。研究上，カリキュラム評価の重要性は認識されつつも，教育課程とカリキュラムとの相違に代表される基本概念の錯綜や，カリキュラムの国内専門学会の不在（日本カリキュラム学会は「平成生まれ」である）もあり，カリキュラム評価の研究は数少なかった（根津　2006：3〜8）。管見の限り，「カリキュラム評価」を主題に含む国内の博士論文は，2002（平成14）年が初である（根津　2002）。そもそも行政用語は「教育課程」で，語「カリキュラム」は行政の用例

が少ない。例外は，1974（昭和49）年に当時の文部省がOECD–CERI（経済協力開発機構・教育研究革新センター）と協力して東京で開催した，国際セミナーである（文部省　1975）。語「カリキュラム」が行政の語ではない以上，行政の場でカリキュラム評価の議論は，起こりようがない。2017（平成29）年告示の学習指導要領で「カリキュラム・マネジメント」が総則に記され，同年11月の「教職課程コアカリキュラム」で「カリキュラム評価」が教職科目の一部として採用された（教職課程コアカリキュラムの在り方に関する検討会　2017：16）。この経緯は，歴史的な事態といえる。実践では，逐一列挙しないが，以前の「ゆとりの時間」や総合的な学習の時間，および特別活動等，主に学習指導要領が詳述しない教育活動で，語「カリキュラム開発」が用いられてきた。ただしその数は多くなく，関連語「カリキュラム評価」の用例は，さらに少ない。

2.　カリキュラム評価の実践方法

　本節では，カリキュラム評価の実践方法を紹介する。一つは「全国学力・学習状況調査」，もう一つは「チェックリスト法」である。それぞれ，公的データの二次分析によるカリキュラム評価，および構成員によるカリキュラム評価とその集約，と呼べる。

（1）全国学力・学習状況調査を用いたカリキュラム評価

　義務教育の関係者にとってここ10年以上，毎年４月実施の「全国学力・学習状況調査」は，周知の事実である。全国紙にも問題と解答が掲載され，解説記事が付される。表14-1に，文部科学省および国立教育政策研究所のホームページに基づき，関連情報を要約する。

表14-1　全国学力・学習状況調査の概要

調査の名称	全国学力・学習状況調査
調査の目的	・義務教育の機会均等とその水準の維持向上の観点から，全国的な児童生徒の学力や学習状況を把握・分析し，教育施策の成果と課題を検証し，その改善を図る。 ・学校における児童生徒への教育指導の充実や学習状況の改善等に役立てる。 ・そのような取組を通じて，教育に関する継続的な検証改善サイクルを確立する。
調査の対象	小学校第6学年と中学校第3学年の児童生徒
調査の開始	2007（平成19）年4月（毎年4月に実施）
調査の内容	・教科に関する調査（国語，算数・数学） ・生活習慣や学校環境に関する調査（児童生徒に対する調査，学校に対する調査）
その他	・標本抽出の方法 　　年度により，悉皆，抽出，希望利用等が異なる 　　2014（平成26）年からは悉皆 ・調査内容の追加 　　理科（2012〈平成24〉年開始） 　　英語（2019〈平成31〉年開始） 　　＊いずれも3年に1度程度の実施

参照　URL：http：//www.mext.go.jp/a_menu/shotou/gakuryoku-chousa/zenkoku/1344101.htm
　　　　　 https：//www.nier.go.jp/kaihatsu/zenkokugakuryoku.html

　各種報道では都道府県の順位が取りざたされるが，本来は名称の通りあくまで「調査」であり，都道府県の学力コンテストやコンクールではない。それゆえ，学校の設置者による調査結果の利用が求められる。実際，国立教育政策研究所・教育課程研究センターのホームページ（http：//www.nier.go.jp/kaihatsu/zenkokugakuryoku.html）からは，問題・解答や調査報告書に加え，次の資料等も簡単に入手できる。

・調査の結果に基づく『授業アイデア集』（2009〈平成21〉年度開始）
・『全国学力・学習状況調査の調査結果を踏まえた学習指導の改善・充実に向けた説明会資料』（2013〈平成26〉年度開始）
・訪問調査に基づく『全国学力・学習状況調査の結果の二次分析に関する研究報告書　別冊（事例集）』（全国学力・学習状況調査において特徴ある結果を示した学校における取組事例集）（2009〈平成21〉年から2017〈平成29〉年の間，第3集まで公開）

　上記の資料に語「カリキュラム評価」はないが，カリキュラムに関する調査を実施し，結果を集計・分析し，改善や充実に役立てるという流れは，カリキュラム評価そのものである。ただし，特定の数教科のみで，児童生徒の学力調査の結果だけに注目し，授業や指導方法の改善にとどまる場合，カリキュラム評価と呼ぶには範囲が狭すぎる。とはいえ，学習指導要領の改善や，各学校の教育課程の編成に役立つならば，この種の学力調査もカリキュラム評価にとって重要なデータとなる。

　全国学力・学習状況調査の結果の活用をカリキュラム評価の例とした場合，同調査の結果をもとに各大学等で実施する「追加分析報告書」（2007〈平成19〉年開始）や，近年の各教育委員会による『平成30年度全国学力・学習状況調査活用事例集』（文部科学省　2019）が興味深い。いずれも，文部科学省のホームページから入手できる。

　とくに後者は，合計22（県9，政令指定都市4，7市2町）の教育委員会による施策の事例が3から5ページ程度，「実施概要」・「取組のポイント」・「取組の効果等」を見出しに，図表や写真入りで記されている。全国学力・学習状況調査の結果をうけて，各種プランの策定，モデル校の選定，県内学力調査との比較分析，ICT活用，人員配置，S-P表（各児童生徒S：Studentと各設問P：Problemを組み合わせた一覧表）の活用，校内外研修の実施や関連協議会の開催，大学等との連携，誤答・無答分析，そして事例集や問題集の提供等，多彩な事例がみられる。個々の施策の質や当否はさておき，調査結果の得点やランキングに一喜一憂せず，調査結果をどう活用し具体的な次の手立てへつなげるかという，政策的な意図をうかがえる。

　各自治体による施策の効果として，翌年度の全国学力・学習状況調査の結果と比較参照した事例も散見される（同）。調査対象となる児童生徒は毎年変わるので，素朴な追跡調査ではないことに留意すべきである。また，小学校第6学年時点と中学校第3学年時点との比較は，課される問題が異なる上，特に都市部は中学受験の影響が想定されるため，容易ではない。経年比較の分析の際は，データの補正を要するかもしれない。

　全国学力・学習状況調査に限らず，学力調査の結果自体はおおむね数値で表されるが，その数値自体が直接何かを意味するわけではない。各種の数値に基づき，追加の分析や再分析をしたり，判断を下したりするのは，評価や改善の作業である。

（2）チェックリスト法によるカリキュラム評価

　チェックリスト法（checklist approach/method）は，あらかじめいくつかのチェックポイントを設け，それに沿って各種の情報を収集し，判断する方法である。

　新しい靴を買うとき，何を重視するだろう。用途，デザイン，サイズ，色，価格，ブランド，購入元，耐久性，安全性，保証，耐水性，履きやすさ，重さ，素材，持っている服との組み合わせ，持っている靴との違い，保管場所等々，人によって重視するポイントは違う。転売や譲渡を考える場合もありうる。さしあたり，購入時に重視するポイントをある程度絞り込むのは，さほど難しくないはずである。それらのポイントを並べた一覧表は，「新しい靴を買うときのチェックリスト」であり，購入時に「買うか，買わないか」を判断する助けとなる。

　日本のカリキュラム評価の場合，その対象や視点，チェックポイントが，安彦忠彦，梶田叡一，水越敏行といった著名な研究者によって，それぞれ提案されてきた（根津　2006：181〜187）。いずれもカリキュラムの構成要素に基づいて提案されており，カリキュラム評価のチェックリストと呼べる（同）。

　筆者は，アメリカ合衆国の評価研究者スクリヴァン（Scriven, M.）による KEC（Key Evaluation Checklist, Scriven 1991：204〜210）を参照し，「わが国のカリキュラム評価のためのチェックリスト試案」（CCEJ：Checklist for Curriculum Evaluation in Japan）を提案・試行した（根津　2006：187〜226）。スクリヴァンによる KEC は，プログラム評価のためのチェックリストであり，教育分野に限定されない。そこで筆者は KEC を，日本のカリキュラム評価に合わせて「翻案」した。翻案・試行を経て，使用法を追加した版を，表14-2に示す（田中・根津

2009：42〜44による）なお KEC は改訂を重ねており，本稿執筆の時点で2015年8月版を確認できる（http：//michaelscriven.info/home.html）。

表14-2　日本版カリキュラム評価のためのチェックリスト

1 （記述）	評価を行うカリキュラムは，どういうカリキュラムなのか？
2 （背景および文脈）	なぜこのカリキュラムを実施しようとしたのか？ 　また，このカリキュラムにより何が意図されているのか？
3 （消費者）	このカリキュラムは，誰に直接はたらきかけるのか？ 　また，間接的には誰が影響を受けるのか？
4 （資源）	このカリキュラムを実施するにあたり，必要を感じているものは何か？
5 （価値）	このカリキュラムの目標は何か？
6 （過程）	目標を達成するための，カリキュラム上の手続はどのようなものか？
7 （結果）	このカリキュラムの結果はどうだったか？ 　また，それをどのように把握したのか？
8 （コスト）	このカリキュラムに，どのくらい＜お金，時間，人手，会議，場所，手間＞をかけたのか？
9 （比較）	このカリキュラムの替わりになるものはあるのか？ 　また，他校の実践等と比べてみたか？
10 （一般化可能性）	他の学校でこのカリキュラムを実施できると思うか？ 　またそれはなぜか？
11 （意義）	以上の1〜10からみて，このカリキュラムは100点満点で何点か？
12 （改善点）	どこをなおすともっとよくなると思うか？ 　また，どこが優れていると思うか？
13 （報告の機会）	このカリキュラムはどういうやり方で外部に報告されるのか？
14 （メタ評価）	以上の1〜13の評価結果を，他に評価する人は誰か？

使用法・各チェックポイントとも，短文で回答する。
　　　　・判断の根拠としたデータを適宜添付することが望ましい。
　　　　・チェックポイント1〜10については，各10点満点で点数もあわせてつける。
　　　　　その総計をチェックポイント11として加算し，かつコメントを付す。
　　　　・チェックポイント1〜11までは必須であり，12〜14は任意である。
出典：田中・根津（2009：43）。

　CCEJ は特定の学校や事例を対象としたわけではなく，汎用性を意識した。具体的に各学校で用いる場合は，実態に合わせた各項目の改編，すなわち現地化（localize）が必須である。

　筆者は10年以上，各種の教員研修を担当する機会に恵まれた。その際，CCEJ をワークシート化して用いてきた。CCEJ は，記入した結果を複数人で持ち寄って検討する。ゆえに10点満点の「評定」は，教員研

修の受講者個々人の印象点で構わないのだが，ここでためらいが生ず
る。また，かつては項目「7（結果）」と「8（コスト）」の記入に苦心
する受講者が多かった。実践の内容によらず，これらの項目を「考えて
みたことがなかった」という感想が目立った。近年は，前項の全国学
力・学習状況調査の定着や，「カリキュラム・マネジメント」が学習指
導要領に記載された経緯もあってか，やや様子が変わってきた。先の2
項目にあまり苦心しなくなった一方，項目「9（比較）」や「10（一般
化可能性）」で，手が止まるようになってきた。各校独自の実践を目指
すあまり，意図的に類例を検討しないか，勤務校の前例踏襲が当然で，
他を参照する理由も余裕もない，と推測する。ただしこれらの記述は，
筆者の印象の域を出ない。そもそも単に，CCEJ に関する筆者の説明が
下手で，説明がそのつど変わるからかもしれない。また以前から受講者
の反応は研究対象として想定しておらず，詳細なデータを持ち合わせて
いない。研修はあくまで研修が第一義であり，その場で研究のデータを
頂くのは研究倫理的に微妙なので避けたい，と考えたためである。

　前項の全国学力・学習状況調査は，各都道府県等が自前で項目を開発
したり集計したりできない。それゆえ，「国から提供されたデータ」に
依存するカリキュラム評価といえる。また，全国学力・学習状況調査に
含まれない教科や事項は当然，データとして入手できない。そこで地域
の実態を反映すべく，各都道府県等による独自の学力調査を併用する例
もある（文部科学省　2019）。さらに，設定項目への解答・回答とし
て，「量」は測定できるが，「質」の把握には限界がある。いずれも質問
紙という調査手法に必然的な制約であり，それ自体が不十分または不適
切というわけではない。

　本項で紹介した CCEJ は，全国学力・学習状況調査の結果を用いたカ
リキュラム評価とは，逆の発想による。すなわち，当事者による実態の
把握や判断を重視する。また，評価項目は「現地化」可能であり，独自
のチェックリストを作成しやすい。さらに，「なぜ」・「どのように」を
問い，「質」に関する判断を求める。

　ただし，CCEJ もカリキュラム評価の一方法にすぎず，もちろん制約

がある。まず，個々の質的な記述には向くが，量的な集計は難しい。次に，評価者が数値の上下を評価と「信じこむ」場合，つまりは評価の核心である価値判断を無視する場合，この方法の意義は理解しにくい。そして，評価者の認識によって，評価の結果が変わりうる。このばらつきやゆらぎは，想定外の効果や欠点の発見には重要であるが，いわゆる「全教職員による認識の共有」からは程遠い。評価者間の認識の差異を組織開発へと応用しなければ，単なる「言いたい放題」に終始しかねない。

3.　カリキュラム評価に基づく論文執筆の要点

　第8章からのまとめとして，次の2点を述べる。第一に，カリキュラム評価に基づく論文執筆の要点を，チェックリストとして示す。第二に「応用編」として，研究論文を学術雑誌に投稿する際に確認すべき，各種の留意事項に触れる。

（1）チェックリストを用いた，カリキュラム評価に基づく論文執筆の要点

　第8章から第13章までの「第3節」は，形式上，各章の内容に即して修士論文執筆の要点を述べてきた。各章第3節の内容に基づき作成したチェックリストを，表14-3に示す。

　表14-3のチェックリストは，カリキュラム研究や実践を念頭に提案したが，他の教育実践にも通ずるポイントが含まれる。

　修士論文は「製品」（product）であるし，指導を受けて執筆する手続きは，「過程」（process）や「プログラム」（program）に当たる。このチェックリストを用い，改訂版を作成する手続きも，一種の教育実践と呼べる。このチェックリスト自体も一つの「製品」であり，実施を経た検証や評価を免れない。ここは，今後の筆者の課題である。

（2）応用編

　ある教育実践をもとに，修士論文を書き上げたとしよう。これをもと

214

表14-3　修士論文執筆のためのチェックリスト

チェックポイント	具体的な作業	関連する章
1　実践の制度的な背景や歴史に目を向けたか	・実践の略年表を作成する	第 8 章
2　実践を対象化・客体化したか	・先行実践を収集し、分析する	
3　自分（書き手）とカリキュラムとの関係を明示したか	a)書き手は教師か、b)書き手とそのカリキュラムとの関係、および c)書き手はそのカリキュラムにどう携わったか、をそれぞれ述べる	第 9 章
4　実践をカリキュラムのレベルで把握したか	・手持ちのデータや材料を整理する	
5　研究倫理に配慮したか	・所属機関による研究倫理講習を受講する ・守秘義務に違反しないことを確認する ・自己剽窃を避ける	
6　実践と教科（外）、カリキュラムとの関係を明示したか	・実践と教科（外）との関係を示す ・実践のカリキュラム上の位置づけを示す	第 10 章 第 11 章
7　実践した学校段階、編成原理を説明したか	・学習指導要領と関連づけ、実践した学校段階や編成原理を明示する	
8　前後の学校段階との関係を考慮したか	・既習事項や直後の学習内容を述べる ・前学年、後学年や、学校段階の前後とのつながりに言及する	第 12 章
9　評価・結果レベルに配慮したか	・「目標・計画レベル」や「方法・実践レベル」の総体と合わせて述べる ・実践の結果や効果を示すデータが妥当か、熟慮する	
10　概念や用語はセットで考えたか	・政策的な標語（スローガン）か、学術的な専門用語か、吟味区別する ・言い換えや他の言葉との比較を試みる	第 13 章
11　総論と各論とを関係づけたか	・主題からの一貫性をチェックする ・「枝葉」は、思い切って捨てる	
12　このチェックリストを使って修士論文を見直したか	・各作業を振り返り、推敲を重ねる	第 14 章

異文化間教育学会紀要『異文化間教育』

論文投稿時のチェックリスト

　論文の投稿に当たっては，以下の項目を点検し，不備がないようにしてください（問題がある論文については受領できません）。なお，このチェックリストも論文原稿等と一緒に添付ファイルでご提出ください。

- □１．原稿執筆者は，本学会の学生会員・正会員（本年度の学会費納入済み），名誉会員，あるいは紀要編集委員会より依頼された者である。共著の場合も，著者全員が会員である。
- □２．論文の内容は，未発表のものであり，他の学会誌などへの重複投稿はしていない。※　これ（投稿規程２）に反した者には，罰則を適用する場合がある。
- □３．「テーマ論文」「自由投稿論文」においては，本号に複数の投稿をしていない（共同発表や，「テーマ論文」と「自由投稿論文」をまたがる投稿も複数投稿と見なす）。
- □４．調査研究の実施，及び論文執筆に当たっては，倫理的配慮が十分に行われている。
- □５．原稿は，投稿規程に示された分量の範囲内である(論文表題，本文，図表・写真，注，引用文献，参考資料など，すべてを含めて)。
- □６．原稿の書式は，A4判・横書き・40字×40行となっている。
- □７．文頭に，投稿カテゴリーの別，論文の種別が記載されている。
- □８．原稿の文字は，原稿のフォーマットで指定された大きさになっている。
- □９．章番号や数字，アルファベットの表記は，フォーマットや執筆要領に従っている。
- □10．本文原稿にはページ番号を付している。
- □11．図表には，それぞれ通し番号を付けている。
- □12．本文中の引用は，注としてではなく，著者名・発行年を示して行っている。
- □13．引用文献のリストは文末にまとめ，五十音順またはアルファベット順に列記してある。
- □14．文献情報の記載方法は執筆要領に従っている。
- □15．本文中の引用文献（著者名と発行年）が文献リストに記載され，一致している。
- □16．論文執筆者本人の文献の引用で，「拙著」「拙稿」等，執筆者が特定される表現を使っていない。
- □17．わかりやすい文章で書いている（専門用語，文の長さなど）。
- □18．誤字脱字などの点検を行い，ミスがないことを確認している。
- □19．本文には執筆者名・所属は記していない。
- □20．要旨（日本語600字以内）が添付されている。
- □21．必要事項を記入した連絡票が添付されている。
- □22．論文投稿の締切日，送信方法を確認し，遅れることのないように送信できる。

（改定日：2018年12月８日）

第　　　号　　　　　　　年　　　月　　　　日記入　　　氏名

出典：http://intercultural.jp/journal/doc/checklist41.doc
引用にあたり，体裁や一部の字句を改めた。

に，短めの研究論文を書き，査読を経て掲載されることを目指し，学術雑誌に投稿する場合を考える（根津　2016）。近年は，論文投稿に当たり，各種のチェックリストへの記入と提出を要求される場合がある。一例として，インターネットで公開されているものを，上の枠内に示す。

216

なお，筆者はこの学会の会員ではない。

　枠内のチェックポイントは，投稿資格や形式面ばかりである。内容面は，別に「執筆要領」や「執筆にあたっての留意点」といった文書がある。枠内のチェックリストの存在は，これらのチェックポイントすら満たさない投稿の存在を示唆する。つまり，内容面以前に，投稿資格や形式面だけで「受領しない」，「審査しない」，「掲載できない」と判断される投稿論文が，一定数あると考えられる。

　筆者も複数の学会等で，学術雑誌の査読や編集を担当する機会がある。経験上，枠内のような形式面の不備は少なくない（根津　2016）。形式面の不備は，研究水準を左右しかねないし，査読者の負担を増す。基本的な形式すらクリアできない投稿論文は，内容の質を論じられない。いくつかの学会の編集委員会では，投稿希望者に対し，研究論文執筆に関するセミナーや勉強会を行うべきではという意見も聞かれる。

　裏を返せば，投稿規程や投稿要領の類を遵守し，形式面をきちんと整えれば，それだけで査読者に好印象を与えうる。研究論文を書き上げたら終わりではなく，そこから枠内のようなチェックポイントを用いて修正する手続きこそ，正念場である。

引用文献

教職課程コアカリキュラムの在り方に関する検討会（2017）『教職課程コアカリキュラム』（http://www.mext.go.jp/component/b_menu/shingi/toushin/__icsFiles/afieldfile/2017/11/27/1398442_1_3.pdf）

Scriven, M.（1991）*Evaluation Thesaurus* (4th ed.), Sage.

田中統治・根津朋実編（2009）『カリキュラム評価入門』勁草書房。

根津朋実（2002）『カリキュラム評価におけるゴール・フリー評価論の応用に関する研究』（筑波大学博士論文）。

根津朋実（2006）『カリキュラム評価の方法』多賀出版。

根津朋実（2016）「教育実践をどのようにして研究論文にするか」日本学校教育学

会編『これからの学校教育を担う教師を目指す　―思考力・実践力アップのための基本的な考え方とキーワード』学事出版，84〜90.

根津朋実（2019）「プログラム・カリキュラム・教育課程」根津朋実・樋口直宏編『教育内容・方法　[改訂版]』培風館，2〜9.

文部科学省（2015）『参考資料「チームとしての学校の在り方と今後の改善方策について（答申（案））」参考資料（7）』（チームとしての学校・教職員の在り方に関する作業部会（第17回）配付資料，中央教育審議会・初等中等教育分科会・チームとしての学校・教職員の在り方に関する作業部会）（http : //www.mext.go.jp/b_menu/shingi/chukyo/chukyo3/052/siryo/__icsFiles/afieldfile/2016/01/05/1365651_10.pdf）

文部科学省（2016）『学校評価ガイドライン〔平成28年改訂〕』（http : //www.mext.go.jp/component/a_menu/education/detail/__icsFiles/afieldfile/2019/01/30/1323515_021.pdf）

文部科学省（2019）『平成30年度　全国学力・学習状況調査活用事例集』（http : //www.mext.go.jp/a_menu/shotou/gakuryoku-chousa/1413828.htm）

文部省（1951）『学習指導要領一般編（試案）　昭和26年（1951）改訂版』（https : //www.nier.go.jp/guideline/s26ej/index.htm）

文部省（1975）『カリキュラム開発の課題』（MEJ 6874）大蔵省印刷局。

●**学習課題** ──────────────────────────────

1．本章のチェックリスト（表14-3）を用い，自分が書いたものを推敲してみよう。

2．いくつかの学術団体の「投稿要領」類を収集し，学術論文の形式を知ろう。

15 │ カリキュラム研究の留意点と課題

田中　統治，根津　朋実

≪目標&ポイント≫　カリキュラム研究を行う場合の留意点と課題を整理し
ながら本科目のまとめを行う。とくにカリキュラム研究によって修士論文を
作成するときのポイントを解説する。
≪キーワード≫　カリキュラムの実証的研究，事例研究

----

1. 前半部のまとめと留意点

(1) 実証的研究のとらえ方

　カリキュラムの理論と実践をめぐってここまで述べてきた要点を整理
すれば，表15-1に示すように，前半分は主として70年代以降の研究の
動向と課題について述べてきた。

表15-1　本書第1章から第7章のテーマ一覧

	テーマ	主要概念，事例等
第1章	カリキュラムを研究する意義	カリキュラム，教育課程，学習経験，「紙」キュラム
第2章	カリキュラム研究の方法	教育内容，文化伝達，カリキュラム開発，効果検証
第3章	カリキュラムの微視的問題	教育知識，相互作用，潜在的（隠れた）カリキュラム，学習環境
第4章	カリキュラムの中間的問題	教育組織，教授者集団，学習者集団，学校文化，教師文化，生徒文化
第5章	カリキュラムの巨視的問題	社会変動，教育システム，教育内容文化，支配的勢力，再生産
第6章	学力モデルとカリキュラム	学力，教育目標，学力調査，コンピテンシー，生涯学習，資質・能力
第7章	カリキュラム・マネジメント	カリキュラム・マネジメント，資源，条件整備，カリキュラムの評価と改善

　キーワードと概念には，カリキュラムに関わる社会的諸要因の関係に注目してもらうため，またそれをダイナミック（動態的）な「生きた姿」でとらえるよう実証的視点を設定した。カリキュラムはひとが生涯にわたって経験する内容を示す概念である。教えられる内容（教育課程）と学ぶ内容（カリキュラム）の間にはズレが生じており，その乖離がカリキュラムの研究を興味深いものにする。カリキュラムを実証的に研究するということは自分自身の学びの経験を振り返り，それを解釈も含めて意味づけし直す作業である。

　実証的研究のとらえ方には多元化の波が押し寄せており，方法論の前提に幅を持たせる動きが起こっている。たとえば学びの経験を回顧的に振り返る研究の中では，インタビュー（面接法），ライフヒストリー（生活史），エスノグラフィー（民族誌），あるいはナラティブ（語り）などの解釈的な方法がとられている。また統計的分析でも従来の質問紙法だけでなく，自由記述や文書の分析にテキスト・マイニング等の多様な手法が使われ始めている。さらにウェブ調査やアクション・リサーチといった現代的な研究法も注目されている。客観性の点で統計的分析のみを選びがちであるが，教育研究における量的研究法と質的研究法の割合は拮抗しているといってよい。重要な点は，研究法の選択ではなく，リサーチ・クエスチョン（研究の問い）をよりいっそう明確にすることである。

（2）「効果検証」と調査研究の違い

　カリキュラムに関する修士論文のテーマとして初期段階でよく選ばれる用語に効果検証がある。特定のカリキュラムが学習者にどれだけの効果をもたらしたのかその影響を調べたいというものである。そこには大学院生が過去に開発したカリキュラムの実践記録をもとに振り返って教育効果を検証したいという強い意向が働いており，そうした思いと気持ちは問題意識のレベルでならばよく理解できる。苦労して開発・実践して児童生徒からの手応えを強く感じた「優れた」カリキュラムであれば，その効果を学問的に確かめたいものである。

　しかしこの問題意識をそのままリサーチ・クエスチョンとすることに

は難しい面がある。なぜならカリキュラムの効果検証は一般に想定されるほど容易ではないからである。たとえ学習者の間に何らかの変化が感じられたとしても，それが特定のカリキュラムによる影響であることを論証するためには精密な調査計画に沿って継続して調査を何度か実施してみなければならない。実践者の「実感」事例や「目撃」情報のレベルの資料では客観性が疑われるので，効果を検証したことにはならない。そもそも教育の効果を検証しようと試みること自体の持つ困難性という根本的な課題が横たわっている。日本カリキュラム学会の課題研究でこのテーマをとり上げたとき，効果検証という用語に頼ることの持つリスクに対して疑問が呈された。カリキュラム自体の効果検証というより，以前のカリキュラムとの新旧比較による「改善の効果」に焦点化すれば，調査である程度までは確かめられるとの指摘もなされた[1]。アメリカの実務家の間で広く行われている「プログラム評価」では，客観的な指標をあらかじめ設定した枠組みで研究されてきたが，日本ではそれが立ち遅れている[2]。

　いずれにせよ効果検証と調査研究では方法が異なることに留意する必要がある。学術的な調査研究では，標本抽出（サンプリング）や事例の持つ代表性・典型性に注意し，「失敗」事例を含めて多角的に資料を収集し，また比較による仮説の段階的な確認を行う。それは研究結果の一般化（他の事例への適用可能性の吟味等）を視野に入れているからである。社会調査や教育調査のこうした初歩的な知識は学部の科目で習得する必要がある。

　カリキュラムの効果検証の持つ困難性は，薬学における「薬効分析」や栄養学の「効果分析」の方法と比べてみればよくわかる。薬効分析では実験群と統制群を分けて偽薬を使った継続的な治効実験が行われる。カリキュラムの場合にこれと同じような実験を行えば，学習者に不利益や不公平をもたらすことがあるので研究倫理上からも控えられている。またさまざまなテスト法の開発によるカリキュラムの効果検証が試みられてきたが，その結果には児童生徒の家庭環境（文化資本）や校外学習が大きく影響しており，学校カリキュラムのそれは期待したよりも小さ

い。しかもカリキュラムの影響のみを分離抽出して解析することの難しさも実感される。

　生（なま）のテーマである効果検証は，カリキュラム評価の研究として「加工」して再設定することが必要である。加工の作業には時間を要するので研究の初期段階で指導教員と十分に相談することである。児童生徒への簡単な自己評価によるアンケート調査（厳密には質問紙調査）によってカリキュラムの効果検証が可能であると考えることは，ある意味で「幻想」である。そもそもカリキュラムの効果検証という「神話」から脱却することが必要ではなかろうか。

2.　事例研究の留意点

（1）事例研究のリサーチ・クエスチョン

　カリキュラムの研究の多くが事例研究法（case study method）をとる場合が多い。その場合，事例研究と実践事例研究が混同される場合があるので，ここで注意を促しておきたい。なぜなら，事例研究とはある特定の出来事や主体を丸ごと分析するものではなく，学術的な観点，特に理論への貢献という点から有意義な側面（分析単位）をとり上げて研究するものだからである[3]。事例分析は平板な記述的分析のことではなく，特定の理論枠によって重要な事例を分析単位に据えて分析し説明する理論的な試みのことである。事実的な事例を羅列するのでなく，出来事のある側面に研究の焦点を絞り込んでそれを理論的に考察することに意味がある。また事例研究がすべて質的研究であるとみなすことはできず，場合によっては量的な方法と組み合わせて用いることもある。

　事例研究にふさわしいリサーチ・クエスチョンは「どのように」（how）や「なぜ」（why）という問いである。これに加えて「探索的な何が」（what）も適しているといわれる。複雑な事象が「どのように」生起し展開しているのか，それが「なぜ」起こるのか，あるいはいったい「何が」起きているのか（存在しているのか）という問いに適したリサーチ・デザインが事例研究である[4]。カリキュラムの展開には多様な要因が複雑に関係しているから事例研究が適しているけれども，事例

を選ぶ論拠づけのために研究テーマの問いを研ぎ澄ます必要がある。

　その際，問いに対する答え（結論）をある程度想定しておくことが役立つ。事例分析を行った結果から帰納法的に答えが導き出せると考えるのが当然であるが，経験上，この事例を選べばこのような結論に落とし込めるのではないかという指針があると便利である。もちろん分析を進める中でその結論らしきものがしだいに明確になることやあるいは別の結論に到達することもある。それを期待しつつも，手持ちのデータから「確かにこのことだけは言えそうだ」という確信が必要な場面がある。その確信は仮説に近いものであるが，長期にわたって研究を続けても答えが出せないようなリサーチ・クエスチョンを避ける意味合いもある。

　カリキュラムの事例研究法を用いた先行研究は学位請求論文等で見ることができるが，その多くは歴史研究や比較研究である。他方，授業研究では心理学ベースの方法が多いが，近年質的研究法が普及しているので参考にできる。ただこれをマスターするには時間を要するので，リサーチ・クエスチョンとの適合性を検討しなければならない。質的研究法では「トライアンギュレーション」（triangulation）と呼ばれる三角測量（裏をとる）に類似した複数以上のデータ源と方法による相互確認を行うことが強調される。これは事例研究において客観性を担保するための一つの方法ではあるけれども，しかし表層的なトライアンギュレーション以上に，客観的な事実確認を丁寧に行うほうが有意義な場合が多い。とくに調査協力者の中でもキーインフォーマント（鍵となる情報提供者）への調査結果のフィードバックによる第二次調査は研究上有益である。カリキュラムの効果検証に「のめり込み」すぎていないかどうか，自己のバイアス（偏り）を反省的に分析することも事例研究の鉄則である[5]。

（2）事例研究論文のまとめ方

　事例資料は収集できたが，いざこれを論文にまとめるときにどうすればよいのか。論文の評価基準の一つは「論理の一貫性」なので，その答えはリサーチ・クエスチョンに答える形で，読み手（査読者）が納得す

る順に，目次（章節の見出し）を構成していけばよいのである。だがどのように構成すれば説得力が増すかその要領がわからない。そうした場合にとられがちな構成法が，事例を時系列に並べる，書きやすい順に並べる，対象の概要から述べる等である。いずれの場合もなぜその順番で事例を検討するのか，その理由と根拠が述べられず唐突に事例の紹介が始まる。読み手はどこに連れて行かれるのか不明のまま事例紹介を読み進めるが，やがて途中でその先の章節に飛びたくなる。構成とその順序に関する理由説明が決定的に不足しているために，査読者は「連れ回される」ことに疲れ果てるのである。

　読み手の立場に立ってみればわかりそうなことだが実のところ説明不足の事例研究が多い。書き手が読み手の視点をとってうまく説得するのが論文のポイントである。学位請求論文の場合，最終試験である口頭試問での質疑応答をクリアすることが最終の関門である。その場でなぜこの事例を選んだのか，他にどんな事例があったのか，事例分析の順序は何らかの重要度の順なのか，なぜそれがこの研究において重要なのかといった質問が出される場合，論述の説明不足を物語っており，口述によって理由が判明する結果，執筆者が論文中での説明不足を痛感する場面がよくある。事例紹介に気をとられて肝心のリサーチ・クエスチョンとの関連が見失われている。

　なぜ事例研究において「自己中心」気味の論文がまとめられがちなのか。その理由を推察すれば，理論的な支柱が揺らぐからではなかろうか。事例研究には理論への貢献を目指す特徴があるので，カリキュラム理論を補強することが自覚されなければならない。事例に対する思い入れが強い場合，バランスを欠いた分析に陥りやすい。その際に理論的概念に立ち戻って事例を対象化して深く分析する必要がある。先述の説明不足も理論と先行研究をもとに分析の単位と要素を明確に設定すれば，学術的な貢献のために自覚されることである。多くの事例を記載するのではなく，少ない事例に研究の焦点を絞り込んでいく考察の過程が重要である。

　論文のまとめ方として述べると，第一に事例研究においても仮説を設

定するほうがまとめやすい。仮説には理論仮説と作業仮説があって，前者が理論的一般化を，後者が事例分析によって具体的に確認することを，それぞれ目指している。いずれも先行研究を踏まえて仮説設定の根拠を十分に説明しなければ単なる予測になってしまうので，留意する必要がある。とはいっても自然科学や量的調査の場合とは趣旨が異なることは当然である。

　第二に事例分析において類型化による発見的な仮説を生成することである。類型化では類型の軸が重要になる。ただ単にタイプ分けを行うのではなく，理論的な視点から類型軸をどう設定すれば，概念の妥当性を確かめられるかを中心に考え抜くことである。そのとき図式化も含めて発見的な価値の高い類型化を試みたい。そうすればリサーチ・クエスチョンに対して具体的な答えを導くための筋道が見えてくる。

　第三に事例の代表性や典型性を決める類型化の基準に沿って，純粋型から混合型へ，あるいは典型例から準典型例へ，そして逸脱（新奇）例へ，仮説を確かめる順で分析を進めることが順当である。ケース選びは迷うところであるが，エピソードとして対立点や特徴を明示しているものを優先すべきである。もっとも説得力を持つ事例が見つけ出せるかどうか，逆に極端な事例や仮説に反する事例も効果的に使えば有力な説得材料に使える。たとえ仮説が確かめられなくても，そのこと自体が学術的には意味があるからである。

　第四に事例の背景や概要の説明からすでに考察が始まっているということである。背景説明は事例分析に必要な情報と文脈に絞り込むべきであって冗長な説明は必要ない。地図でいえば全体図からクローズアップする手法に似ている。分析している事例が全体の中でどこに位置づいていて，その特徴がいかなる文脈において発現しているかについて，査読者がよく理解できるように配慮する。事例研究では因果関係の特定は困難であるが，仮説に沿って何らかの因果を含めた説明と考察は可能である。事例の持つ意味について深く厚い記述を試みることが重要である。

　本書の前半部のまとめと実証的研究および事例研究の留意点について述べてきた。わが国ではカリキュラムの実証的研究の蓄積が不足してい

るが，他の分野や領域の調査研究も参考にして研究の結果をまとめられ
ることを祈念する。　　　　　　　　　　　　　　　（田中　統治）

3.　カリキュラムの研究開発の留意点と課題

　本節は，本書後半の第８章から第14章の内容をもとに，カリキュラム
の研究開発の留意点と課題を述べ，まとめとする。まず，各章の前半で
扱ってきた，学術的な内容を扱う。次に，各章の後半で述べてきた，実
践者が自ら携わった事例を修士論文にまとめる際の要点に関し，まとめ
と補足を行う。

（1）各章前半の内容のまとめ
　表15-2の通り，本書の後半では，カリキュラムの研究開発に関する
各種のテーマを概説してきた。

表15-2　本書第８章から第14章のテーマ一覧

	テーマ	主要概念，事例等
第８章	カリキュラムの研究開発	カリキュラム開発，研究開発学校・教育課程特例校
第９章	教師によるカリキュラム研究	カリキュラム・デザイン，教師のライフヒストリー
第10章	教科カリキュラム	教科，カリキュラムの類型論
第11章	教科外カリキュラム	領域，道徳・特別活動・総合的な学習（探究）の時間・外国語活動
第12章	カリキュラムの接続	アーティキュレーション，一貫教育
第13章	カリキュラムの分化と統合	インテグレーション，生活科・総合的な学習（探究）の時間
第14章	カリキュラムの評価	カリキュラム評価，カリキュラム・マネジメント，チェックリスト法

　表の通り本書の後半は，初めにカリキュラムの研究開発に関するテー
マを確認し，それを研究の用語や概念と関連づけ，さらに具体的な事例
や方法へ進む，という構成だった。抽象的なテーマは，複数の研究の用
語や概念により論じられ，実際の実践や事例としても経験されうる。逆

からたどれば，目の前の現実は，実践や事例として報告可能な形態にまとめられる。それらが蓄積されると，類似の実践や事例が束ねられ，新しい語や考え方が登場し，既存の語や考え方との関連が考察される。ただし，もちろんこれは一種の理想論であって，具体化が困難なテーマはあるし，報告されず命名しがたい現実も無数に存在する。

　留意すべきは，カリキュラムの研究開発に関する諸施策や活動が，どの水準で議論されているかである。近年の学習指導要領に登場した「カリキュラム・マネジメント」を例にとれば，これは抽象的な「テーマ」の水準に当たる。研究の用語や概念としては日が浅く，資料や実践，参考となる事例も，さほど多くはない。いきおい実践の場では，「どうすればいいのか」という疑問が噴出する。

　そもそも「カリキュラム・マネジメント」について，中央当局が実践や事例の水準で，具体的な方法や手順を，逐一策定すべきだろうか。もしそうなれば，地域や学校の実態を捨象した，全国ランキングの作成（やそれに基づく予算配分）へと進む可能性が生じる。結果的に，地方分権や地域主権といった方向とは逆に，実践や事例の画一化が進み，ひいては高度な中央集権や首都主権が完成するだろう。各学校で編成する教育課程という理念は今以上に空洞化し，全国の学校で始業終業時刻が完全統一され，月曜の3時間目は○○科限定，総合的な学習の時間のテーマはコレとアレ以外は絶対不可，教師の板書や発言も逐一規格化され，ついには人間に替えてAIが教える―こうなるとSFだが，昨今ではさほど荒唐無稽な話とも思えない。

　カリキュラムの研究開発に関するテーマは抽象的で，眼前の実践や事例とはなかなか直結しない。両者の間では，各種の研究上の概念や用語が，いくつも使われる。テーマと実践や事例とを無理に直結させると，両者が乖離し分裂するか，型通りの実践や事例が量産されるか，どちらかだろう。これは他のテーマ，たとえば「アクティブ・ラーニング」でも同様である。「アクティブ・ラーニング」は，何か具体的な手法やマニュアルとして，政策的に提起されたわけではない。もとは研究の言葉であり，「アクティブ・ラーニング」に関する各種の概念や用語があ

る。ゆえに，教師が教室で「アクティブ・ラーニング」をすぐさま実践
しようとしても，研究の概念や用語に疎ければ，既存の実践や事例を模
倣する段階にとどまるだろう。これを「主体的・対話的で深い学び」と
言い換えたところで，「主体」・「対話」・「深い学び」，およびそれらの組
み合わせは，研究の概念や用語抜きには語れない。

　以上のまとめに基づき，カリキュラムの研究開発の留意点と課題を，
試みに述べる。

　まず，「カリキュラムの研究開発」とは何をどうすることか，複数の
水準で論じられるよう，吟味する必要がある。ここまでの論に限って
も，抽象的なテーマ，研究の概念や用語，そして目の前の現実と，複数
の水準が存在する。実践者によくみられるのが，「大学の先生は理論を
知っている。自分たちには実践がある。だから，自分たちが理論を学
び，それを使って実践を振り返ってまとめれば，研究になるはずだ」と
いう素朴な前提である。この前提では，当の「実践」が実は「理論」と
不可分であるという関係性が無視され，別物となっている。この前提で
論文を書くと，「自分たちの実践は，誰々先生の理論やこれこれの本の
通り，うまく説明できました」という結論となろう。実践者自身は納得
し安心するだろうが，新しさや他の実践への展開，そして批判といった
研究の本質からは，程遠い。

　次に，「どのように」よりも，「何のために」を問い返す作業を要す
る。いささか物騒な話だが，犯行の手口と動機との関係に似る。犯行の
手口を子細に検討しても，犯行動機は間接的にしかわからない。犯行動
機が明確であれば，手口はそれに沿って解釈判断できる。カリキュラム
の研究開発の場合，具体的な実践の詳細ももちろん必要だが，何をねら
ったのか，なぜそうなったのか，なぜああしなかったのかという，「何
のために」に関する問いが欠かせない。具体的な実践の詳細を，この「何
のために」と突き合わせて，第三者はようやく実践の意義を理解でき
る。各種の事件や事故で，過失か故意かが争点となるように，どこまで
が事前に想定されていてどこからが望外の結果だったか，カリキュラム
の研究開発の過程に即して提示する必要があろう。

最後に，「鵜呑みにしない」態度を要する。「大学の先生」が「理論を知っている」という場合，たいてい，その理論の裏づけとなる実践例や歴史も同時に，「知っている」。論理や言葉だけを使えても，それは専門的に「知っている」うちには入らない。近年は実践歴や留学歴を持つ研究者も珍しくなく，「理論を知っている」重みは，増す一方である。理論は乾物のようなもので，日持ちはするし持ち運びもしやすいが，そのまま口に入れても，実に味気ない。だからといって，「お説ごもっとも」と何でも丸呑みすることは，一番まずい。適切な調理法や，味見できる舌がなければ，理論は文字通り，「味わい」ようがない。研究の世界では，門外漢の素朴な質問一つで，専門家が答えに窮する場合もある。とくに，未知の領域に挑戦するカリキュラムの研究開発では，誰もが「わからないことだらけ」である。実践者は臆することなく，「大学の先生」に，「なぜですか？」と問い続けるべきだろう。

（2）各章後半の内容のまとめ

すでに第14章の第3節で，表14-3のチェックリストを示し，まとめとした。すなわち，読者が自ら携わった実践や事例をもとに修士論文を執筆する場合を想定し，第8章から第13章の内容と関連させつつ，主に各章の第3節で，留意点と課題を述べてきた。確認の意味を込めて，再掲する。

表の各チェックポイントは，各章の内容に基づき整理した。とはいえ，チェックポイントの文言だけを読むと抽象的で，何をどうすればいいのかよくわからない。そこで表の通り，「具体的な作業」を併せて述べた。この，「チェックポイント」と「具体的な作業」との関係は，ちょうど前項の「テーマ」と「主要概念，事例等」との関係に似る。すなわち，抽象的に要約された「チェックポイント」や「テーマ」は，「具体的な作業」や「主要概念，事例等」への変換を経て，ようやく理解や作業が可能となる。第8章以降の内容の留意点や課題は，抽象から具体への「操作化」（operationalization）が，重要なキーワードとなる。

「操作化」の例として，「ケチな人」を考える。「ケチな人」とは，ど

（再掲）表14-3　修士論文執筆のためのチェックリスト

チェックポイント	具体的な作業	関連する章
1　実践の制度的な背景や歴史に目を向けたか	・実践の略年表を作成する	第8章
2　実践を対象化・客体化したか	・先行実践を収集し、分析する	
3　自分（書き手）とカリキュラムとの関係を明示したか	a)書き手は教師か、b)書き手とそのカリキュラムとの関係、および c)書き手はそのカリキュラムにどう携わったか、をそれぞれ述べる	第9章
4　実践をカリキュラムのレベルで把握したか	・手持ちのデータや材料を整理する	
5　研究倫理に配慮したか	・所属機関による研究倫理講習を受講する ・守秘義務に違反しないことを確認する ・自己剽窃を避ける	
6　実践と教科（外）、カリキュラムとの関係を明示したか	・実践と教科（外）との関係を示す ・実践のカリキュラム上の位置づけを示す	第10章 第11章
7　実践した学校段階、編成原理を説明したか	・学習指導要領と関連づけ、実践した学校段階や編成原理を明示する	
8　前後の学校段階との関係を考慮したか	・既習事項や直後の学習内容を述べる ・前学年、後学年や、学校段階の前後とのつながりに言及する	第12章
9　評価・結果レベルに配慮したか	・「目標・計画レベル」や「方法・実践レベル」の総体と合わせて述べる ・実践の結果や効果を示すデータが妥当か、熟慮する	
10　概念や用語はセットで考えたか	・政策的な標語（スローガン）か、学術的な専門用語か、吟味区別する ・言い換えや他の言葉との比較を試みる	第13章
11　総論と各論とを関係づけたか	・主題からの一貫性をチェックする ・「枝葉」は、思い切って捨てる	
12　このチェックリストを使って修士論文を見直したか	・各作業を振り返り、推敲を重ねる	第14章

ういう人だろう。「ケチな人」自体は抽象的な概念で，この言葉をいく
らひねってみても，現実にその人が何をどうするか，わからない。日常
生活で考えれば，「お金に細かい」，「金払いが悪い」，「できるだけもの
を買わない」などと言い換えられる。これでもまだ，具体的ではない。
「1円単位で割り勘をする」，「支払いになると忽然と姿を消す」，「財布
を開かず，持ち歩かない」，こうした具体的な行動を経験・観察し，そ
れらを総合して，「ケチな人」の意味の理解に至る。ただし，これらの
行動は一見，「倹約家」と共通する。それゆえ「ケチな人」とは，ある
人物の一連の行動に対し，話者による人物評価を込めた表現と考えられ
る。

　カリキュラムの研究開発も，基本的には同じである。「小中一貫教
育」とは，一体どういう教育だろう。それ自体は概念（やスローガン）
で，現実に誰が何をどうするのか，言葉だけで考えても，よくわからな
い。ここからが例「ケチな人」との違いとなるが，「小中一貫教育」を
推進する場合，この言葉に該当する具体的な作業を，実践者が新たに作
り出さなければならない。言葉は，具体的な行動や経験の蓄積を集約し
抽象化すると同時に，まだ見ぬものや想像の産物をも指し示す。まだ見
ぬものや想像の産物を作業として具体化する場合，実践の場や担当者に
より，バラツキが生じて当然である。このバラツキを，創意工夫の余地
や自由ととるか，一律な規格化の妨げやノイズと見るかは，一概に言え
ない。

　表14-3に戻ろう。この表は，特定の実践や人物を念頭に置いて作成
されたわけではない。その意味では，読者にとってまだ抽象的な表かも
しれない。表中の「チェックポイント」や「具体的な作業」が，読者の
修士論文の執筆に役立てば幸いである。改善や追加を要する箇所に気づ
いたら，ぜひご指摘頂きたい。この表は不動の完成品ではなく，更新を
重ねるための第一歩にすぎないからである。

（根津　朋実）

≫注

⑴　日本カリキュラム学会編『カリキュラム研究』第28号，2019，44〜50頁。
⑵　安田節之『プログラム評価』新曜社，2011。
⑶　野村康『社会科学の考え方』名古屋大学出版会，2017，42〜79頁。
⑷　同上，45頁。
⑸　秋田喜代美他編『教育研究のメソドロジー』東京大学出版会，2005，91〜92頁。

参考文献等

秋田喜代美他編『教育研究のメソドロジー』東京大学出版会，2005。
秋田喜代美他編著『これからの質的研究法』東京図書，2019。
野村康『社会科学の考え方』名古屋大学出版会，2017。

◉学習課題

1．カリキュラムの効果検証が困難な理由とその克服策について事例研究のもつ可能性の観点から考えてみよう。
2．表14-3を用い，カリキュラムの研究開発を扱った公刊論文を，評価してみよう。

索引

●配列は五十音順，＊は人名を示す。

著者紹介

田中　統治 (たなか・とうじ)

・執筆章→ 1 〜 7 ・15

1951年　鹿児島県に生まれる
1979年　九州大学大学院博士課程教育学研究科単位取得退学
現在　　放送大学特任教授（筑波大学名誉教授），博士（教育学）
専攻　　教育組織社会学・カリキュラム
主な著書　『カリキュラムの社会学的研究』（単著　東洋館出版社）
　　　　　『学校教育論』（共編著　放送大学教育振興会）
　　　　　『カリキュラム評価入門』（共編著　勁草書房）

根津　朋実 (ねつ・ともみ)

・執筆章→ 8 〜15

1969年	新潟県に生まれる
2001年	筑波大学大学院博士課程教育学研究科単位取得退学
	埼玉大学講師，筑波大学准教授・教授を経て，
現在	早稲田大学教授 (教育・総合科学学術院)，博士 (教育学)
専攻	カリキュラム評価・カリキュラム開発
主な著書	『カリキュラム評価の方法』(単著　多賀出版)
	『カリキュラム評価入門』(共編著　勁草書房)
	『教育課程』(編著　ミネルヴァ書房)

放送大学大学院教材　8921024-1-2111（ラジオ）

カリキュラムの理論と実践

発　行　　2021年 3 月20日　第 1 刷
著　者　　田中統治・根津朋実
発行所　　一般財団法人　放送大学教育振興会
　　　　　〒105-0001　東京都港区虎ノ門1-14-1　郵政福祉琴平ビル
　　　　　電話　03（3502）2750

Printed in Japan　ISBN978-4-595-14153-9　C1337